Hans Peter Naumann

100 Fragen zur rückgedeckten Unterstützungskasse

Hans Peter Naumann

# 100 Fragen zur rückgedeckten Unterstützungskasse

3. Auflage

Verlag Versicherungswirtschaft

**Bibliografische Information der Deutschen Nationalbibliothek**

Die Deutsche Nationalbibliothek verzeichnet diese Publikation in der Deutschen Nationalbibliografie; detaillierte bibliografische Daten sind im Internet über http://dnb.d-nb.de abrufbar.



Beachten Sie bitte stets unseren Aktualisierungsservice auf unserer Homepage unter: **vvw.de → Service → Ergänzungen/Aktualisierungen**
Dort halten wir für Sie wichtige und relevante Änderungen und Ergänzungen zum Download bereit.

**Gleichstellungshinweis**

Zur besseren Lesbarkeit wird auf geschlechtsspezifische Doppelnennungen verzichtet.

ISBN 978-3-96329-480-8

# Vorwort

Von den derzeit existierenden Durchführungswegen der betrieblichen Altersversorgung-Direktversicherung, Pensionskasse, Pensionsfonds, Unterstützungskasse und Direktzusage – hat die Unterstützungskasse wohl die längste Historie. Schon vor über 150 Jahren wurden die ersten Unterstützungsfonds gegründet, um Mitarbeitern auf freiwilliger Basis Leistungen im Alter, bei Krankheit oder sonstigen Notfällen zu zahlen. Im Laufe dieser 150 Jahre hat die Unterstützungskasse viele Veränderungen erfahren und wurde den sich ändernden arbeits- und steuerrechtliehen Rahmenbedingungen immer wieder angepasst. Derzeit sind ca.5,8 % aller Vermögensmittel (Stand 2020) für die betriebliche Altersversorgung in Unterstützungskassen (Ukasse) gebunden.

Es gibt zwei Arten der Finanzierung betrieblicher Zusagen über diesen Durchführungsweg, die pauschaldotierte Ukasse und die rückgedeckte Ukasse. Während die pauschal dotierte Ukasse einerseits eine flexible Finanzierung der Leistungen zulässt, hat sie auf der anderen Seite den Nachteil, dass nur ein geringer Teil der für die Altersversorgung erforderlichen Mittel während der Aktivitätszeit eines Mitarbeiters angespart werden kann und die vollständige Ausfinanzierung erst im Rentenalter möglich ist aber auch dann flexibel.

Dem gegenüber steht die rückgedeckte Unterstützungskasse, die als Gruppen-Unterstützungskasse in den letzten 30 Jahren an Bedeutung gewonnen hat; davon zeugen insbesondere die in den letzten Jahren von sehr vielen Versicherern und Dienstleistern gegründeten Gruppenkassen. Die rückgedeckte Unterstützungskasse hat zwar nicht die Flexibilität in der Finanzierung wie die pauschaldotierte Ukasse, erlaubt aber eine planmäßige Ausfinanzierung der zugesagten Versorgungsleistungen in der Zeit, in der der Arbeitnehmer aktiv im Erwerbsleben steht. Die weiteren Vorteile liegen darin, dass es bezüglich der steuerbegünstigten Beiträge keine Begrenzungen gibt wie bei der Direktversicherung, der Pensionskasse und dem Pensionsfonds; die steuerlichen Leistungshöchstgrenzen der Unterstützungskasse lassen eine großzügige betriebliche Altersversorgung für die Mitarbeiter zu.

In der Literatur werden die steuer- und arbeitsrechtlichen Bestimmungen der Unterstützungskasse für beide Arten von Kassen nebeneinander behandelt, was für den nicht täglich mit der Materie vertrauten Leser die Unterstützungskasse als komplex und schwierig zu vermitteln darstellt. Diesem Vorbehalt will das vorliegende Buch begegnen, indem es sich nur auf die rückgedeckte Unterstützungskasse bezieht und deren arbeits- und steuerrechtliche Bestimmungen erläutert. Ziel des Buches ist es auch, Hinweise aus der praktischen Arbeit für die Praxis zu geben, wie bestimmte Dinge umgesetzt werden können, und auf mögliche Fallstricke hinzuweisen.

Es wurde Wert auf eine verständliche Darstellung gelegt und bewusst von einer vertieften Auseinandersetzung mit rein wissenschaftlichen Detailfragen Abstand genommen. Hierzu wird auf die Literaturhinweise verwiesen.

Gegenüber der 2. Auflage wurden zwischenzeitlich ergangene steuerliche und arbeitsrechtliche Änderungen eingebaut.

Köln, im Mai 2023 Hans Peter Naumann

# Inhaltsverzeichnis


**Vorwort** ..... V

**I Begriffsbestimmungen** ..... 1

1 Was ist betriebliche Altersversorgung? ..... 1

2 Was ist eine Unterstützungskasse? ..... 2

3 Was ist eine rückgedeckte Ukasse? ..... 2

4 Was ist ein Trägerunternehmen? ..... 2

**II Arten und Besonderheiten** ..... 3

II.1 Arten von Unterstützungskassen ..... 3

5 Welche Arten von Ukassen gibt es? ..... 3

6 Welche Rechtsform kann eine Ukasse haben? ..... 3

II.2 Besonderheiten von Unterstützungskassen ..... 4

7 Die Ukasse gewährt keinen Rechtsanspruch auf ihre Leistungen. Ist sie deswegen ein Durchführungsweg zweiter Klasse? ..... 4

8 Unterliegt eine Ukasse der Mitbestimmung? ..... 4

9 Welcher Aufsicht unterliegen Ukassen? ..... 5

**III Gründung einer Unterstützungskasse** ..... 7

III.1 Gründungsformalitäten ..... 7

10 Welche Schritte sind zur Gründung einer Ukasse erforderlich? ..... 7

11 Was sind die wesentlichen Elemente der Satzung einer Ukasse in der Rechtsform des e.V.? ..... 8

12 Wer kann Gründungsmitglied einer Ukasse in der Rechtsform des e.V. werden? ..... 8

13 Wie läuft die Gründungsversammlung bei einem e.V. ab? ..... 8

14 Wie erfolgt die Eintragung ins Vereinsregister? ..... 9

15 Welche sonstigen organisatorischen Maßnahmen sind für die Ukasse zu treffen? ..... 10

III.2 Mitglieder der Unterstützungskasse ..... 11

16 Wer kann Mitglied einer Ukasse werden? ..... 11

17 Wie erfolgt die Aufnahme neuer Trägerunternehmen in eine Ukasse? ..... 12

**IV Leistungen der Unterstützungskasse** ..... 13

IV.1 Arten von Leistungsplänen ..... 13

18 Was ist ein Leistungsplan? ..... 13

19 Müssen innerhalb einer Ukasse für alle Versorgungsberechtigten die gleichen Leistungen festgelegt werden? ..... 13

20 Welche Leistungsarten kann eine Ukasse erbringen? ... 13
21 Welche Leistungen können über eine Ukasse zugesagt werden? ... 14
22 Welche Typen von Versorgungszusagen sind möglich? ... 15
23 Ist eine Entgeltumwandlung über eine rückgedeckte Ukasse möglich? ... 16
IV.2 Begünstigter Personenkreis für Leistungen ... 16
24 Wer kann Leistungsanwärter der Ukasse sein? ... 16
25 Können auch ausländische Arbeitnehmer des Trägerunternehmens Leistungsanwärter der Ukasse werden? ... 17
26 Wer ist Leistungsempfänger der Ukasse? ... 18
27 Was bedeutet „keine Mehrzahl der Eigentümer oder Gesellschafter" in § 5 Abs. 4 KStDV? ... 18
28 Wer sind steuerlich begünstigte Hinterbliebene? ... 19
29 Welche Voraussetzungen werden an Lebensgefährten gestellt, damit sie Hinterbliebenenleistungen erhalten können? ... 19
30 Wer gehört zu den Angehörigen? ... 20
31 Müssen die Leistungsanwärter über den fehlenden Rechtsanspruch auf Versorgungsleistungen informiert werden? ... 20
**V Finanzierung der Unterstützungskasse ... 23**
V.1 Allgemeine Voraussetzungen ... 23
32 Wie erfolgt die Finanzierung einer Ukasse? ... 23
33 Sind Zuwendungen an mehrere Ukassen möglich? ... 24
34 Können gleichzeitig Zuwendungen gemäß § 4d EStG gemacht und Pensionsrückstellungen nach § 6a EStG gebildet werden? ... 24
35 Können vom Trägerunternehmen Pensionsrückstellungen gebildet werden, wenn die Ukasse nicht ausreichend dotiert ist? ... 24
36 Ab welchem Zeitpunkt können Zuwendungen für die einzelnen Leistungsanwärter erfolgen? ... 24
37 Gilt die Altersbegrenzung für die Zuwendungen auch für Risikoleistungen (Tod und Invalidität)? ... 25
V.2 Anforderungen an Rückdeckungsversicherungen ... 25
38 Wie ist die Vertragskonstruktion bei der Rückdeckungsversicherung? ... 25
39 Nach welcher Berechnungsmethode erfolgt die Altersbestimmung für die Zuwendungen? ... 25

40 Gibt es Begrenzungen hinsichtlich der Höhe der Zuwendungen? ..... 26
41 Welche Voraussetzungen werden an die Rückdeckungsversicherung gestellt? ..... 27
42 Was ist eine steuerschädliche Versicherung und welche Auswirkungen hat sie? ..... 28
43 Wie hoch muss der Mindesttodesfallschutz der Rückdeckungsversicherung sein, damit die Versicherung steuerbegünstigt ist? ..... 28
44 Können auch fondsgebundene Versicherungen zur Finanzierung herangezogen werden? ..... 28
V.3 Herabsetzung laufender Beiträge ..... 29
45 Ist eine Reduktion laufender Jahresbeiträge steuerunschädlich möglich? ..... 29
46 Kann der Beitrag für eine Entgeltumwandlung steuerunschädlich reduziert werden? ..... 30
47 Kann das Gewinnguthaben aus der Rückdeckungsversicherung steuerunschädlich mit den Versicherungsprämien verrechnet werden? ..... 30
48 Sind Beiträge für Waisenrenten und temporäre Invalidenrenten in voller Höhe als Zuwendungen abzugsfähig? ..... 30
49 Was geschieht mit einer Todesfallleistung aus der Rückdeckungsversicherung, wenn bei Tod eines Leistungsanwärters keine steuerlich begünstigten Hinterbliebenen vorhanden sind? ..... 31
V.4 Aktivierung, Abtretung, Verpfändung etc. ..... 31
50 Müssen die Rückdeckungsversicherungen beim Trägerunternehmen aktiviert werden? ..... 31
51 Darf die Ukasse die Rückdeckungsversicherungen abtreten oder beleihen? ..... 31
52 Können die Rückdeckungsversicherungen an die Begünstigten verpfändet werden? ..... 31
53 Wie sicher sind rückgedeckte Versicherungsverträge? ..... 31
V.5 Zuwendungen für Abfindungen etc. ..... 32
54 Sind Abfindungszahlungen als Zuwendungen abzugsfähig? ..... 32
55 Welche Auswirkungen hat die Portabilität von Versorgungs- ..... 32
56 Wann erfolgt der Betriebsausgabenabzug der Zuwendungen beim Trägerunternehmen? ..... 33
57 Wie erfolgt die Finanzierung der Verwaltungsgebühren für die Ukasse? ..... 34

**VI Steuerliche Behandlung der Unterstützungskasse ... 35**

VI.1 Voraussetzungen für die Steuerfreiheit ... 35

58 Wie sieht es mit der Besteuerung der Ukasse aus? ... 35

59 Welche Voraussetzungen müssen für die Steuerfreiheit einer Ukasse erfüllt sein? ... 35

60 Wann liegt keine soziale Einrichtung vor? ... 36

61 Gibt es Höchstgrenzen bezüglich der Beiträge oder Leistungen? ... 36

62 Welche Höchstgrenzen gibt es für Kapitalleistungen? ... 37

VI.2 Partielle und volle Steuerpflicht ... 38

63 Wann wird eine Ukasse partiell steuerpflichtig? ... 38

64 Zu welchem Zeitpunkt tritt eine volle Steuerpflicht der Ukasse ein? ... 38

65 Was ist Bemessungsgrundlage für die Besteuerung einer steuerpflichtigen Ukasse? ... 39

VI.3 Tatsächliches und zulässiges Kassenvermögen ... 40

66 Woraus besteht das tatsächliche Kassenvermögen einer rückgedeckten Ukasse? ... 40

67 Was ist das zulässige Kassenvermögen der Ukasse? ... 40

68 Welche Auswirkungen hat es auf die Zuwendungen, wenn das tatsächliche Kassenvermögen das zulässige Kassenvermögen übersteigt? ... 41

69 Welchen Einfluss auf das zulässige Kassenvermögen hat eine Versicherungsleistung, die fällig wird, bevor der Anspruch auf Leistungen entsteht? ... 41

VI.4 Rückübertragung von Kassenvermögen ... 42

70 Wie kann eine partielle Steuerpflicht der Ukasse vermieden werden? ... 42

71 Welche Risiken ergeben sich bei der Rückübertragung von Kassenvermögen? ... 42

72 Wie kann das Risiko einer „falschen" Rückübertragung vermieden werden? ... 43

73 Ist eine Rückübertragung von überdotiertem Kassenvermögen immer sinnvoll? ... 43

74 Wer zahlt die Steuern bei einer Überdotierung einer Gruppen-Ukasse? ... 43

75 Wie kommt das Trägerunternehmen an die Deckungsmittel in der Gruppen-Ukasse, wenn seine Versorgungsverpflichtungen weggefallen sind? ... 44

VI.5 Auflösung der Kasse ... 45

76 Was geschieht, wenn die Bestimmung über die Vermögensbindung bei Auflösung der Ukasse aufgehoben wird? ... 45
77 Was geschieht mit dem Vermögen einer Ukasse bei deren Auflösung? ... 45
78 Was geschieht mit der Ukasse bei einem Betriebsübergang des Trägerunternehmens? ... 46
79 Wie wirkt sich die Übertragung der Versorgungsanwartschaften auf einen Pensionsfonds aus? ... 47
VI.6 Sonstige Steuerpflicht der Unterstützungskasse ... 47
80 Unterliegt die Ukasse der Gewerbesteuer? ... 47
81 Unterliegt die Ukasse der Vermögensteuer? ... 47
82 Unterliegt die Ukasse der Erbschaftsteuer? ... 47
83 Unterliegt die Ukasse der Umsatzsteuer? ... 48

**VII Steuerpflicht des Arbeitnehmers ... 49**
VII.1 Steuerpflicht in der Anwartschaftszeit ... 49
84 Sind die Zuwendungen des Trägerunternehmens an die Ukasse für den Arbeitnehmer steuerpflichtig? ... 49
VII.2 Steuerpflicht in der Leistungsphase ... 49
85 Wie werden Versorgungsleistungen beim Arbeitnehmer besteuert? ... 49
86 Wie erfolgt die Besteuerung bei der sog. Fünftelungsregelung des§ 34 Abs. 1 EStG? ... 50
87 Können laufende Leistungen aus einer Ukasse pauschal besteuert werden? ... 51
88 Sind Hinterbliebenenleistungen aus einer Ukasse erbschaftsteuerpflichtig? ... 52
89 Unterliegen Leistungen aus einer Ukasse der Krankenversicherungspflicht? ... 52
VII.3 Unverfallbarkeit ... 53
90 Was geschieht mit den Versorgungsansprüchen bei Ausscheiden eines Leistungsanwärters aus dem Trägerunternehmen? ... 53
91 Wie lauten die gesetzlichen Unverfallbarkeitsfristen? ... 53
92 Wie berechnet sich die Höhe der gesetzlich unverfallbaren Anwartschaft? ... 53
VII.4 Insolvenz des Trägerunternehmens ... 54
93 Sind Ukassen-Leistungen insolvenzgeschützt? ... 54
94 Was ist Beitragsbemessungsgrundlage für den PSV? ... 55

95 Was geschieht mit dem Kassenvermögen bei einer Insolvenz des Trägerunternehmens? ... 55
96 Hilft die Verpfändung der Rückdeckungsversicherung bei Insolvenz, wenn der PSV nicht in eine Leistungspflicht eintritt? ... 56
97 Ändert sich die Besteuerung der Leistungen, wenn sie durch Insolvenz des Trägerunternehmens auf den PSV übergehen? ... 56
VII.5 Abwicklung laufender Leistungen ... 57
98 Wie erfolgt die Abwicklung von Zahlungen aus der Ukasse? ... 57
99 Müssen laufende Rentenzahlungen an die Inflation angepasst werden? ... 57
100 Verjähren Versorgungsansprüche aus einer Ukasse? ... 58

**Anhang ... 61**

Anhang 1: Muster einer Satzung für eine Unterstützungskasse ... 61
Anhang 2: Muster eines Gründungsprotokolls ... 71
Anhang 3: Muster einer Beitrittserklärung ... 73
Anhang 4: Muster einer Erklärung für Lebensgefährten ... 75
Anhang 5: Auszug aus dem Einkommensteuergesetz (EStG) ... 77
Anhang 6: Auszug aus den Einkommensteuer-Richtlinien (EStR) ... 85
Anhang 7: Auszug aus dem Körperschaftsteuergesetz (KStG) ... 91
Anhang 8: Auszug aus der Körperschaftsteuer-Durchführungsverordnung (KStDV 1994) ... 93
Anhang 9: Auszug aus den Körperschaftsteuer-Richtlinien (KStR) ... 95
Anhang 10: BMF-Schreiben zu Unterstützungskassen – Auflistung ... 99
Anhang 11: Urteile zu Unterstützungskassen ... 101

**Abkürzungsverzeichnis ... 103**

**Literaturhinweise ... 105**

**Stichwortverzeichnis ... 107**

# I Begriffsbestimmungen

## 1 Was ist betriebliche Altersversorgung?

Betriebliche Altersversorgung liegt vor, wenn einem Arbeitnehmer aus Anlass seines Arbeitsverhältnisses vom Arbeitgeber Leistungen der Alters-, Invaliditäts- oder Hinterbliebenenversorgung zugesagt werden (§ 1 Abs. 1 Satz 1 BetrAVG). Betriebliche Altersversorgung liegt auch vor, wenn künftige Entgeltansprüche in eine wertgleiche Anwartschaft auf Versorgungsleistungen umgewandelt werden (Entgeltumwandlung).

Wichtig ist, dass die Leistungen erst mit Eintritt eines biologischen Ereignisses fällig werden. Das biologische Ereignis ist bei der Altersversorgung das altersbedingte Ausscheiden aus dem Erwerbsleben, bei der Hinterbliebenenversorgung der Tod des Arbeitnehmers und bei der Invaliditätsversorgung der Eintritt der Invalidität.

Als altersmäßige Untergrenze für betriebliche Altersversorgungsleistungen bei altersbedingtem Ausscheiden aus dem Erwerbsleben gilt im Regelfall das 60. Lebensjahr. In Ausnahmefällen können betriebliche Altersversorgungsleistungen auch schon vor dem 60. Lebensjahr gewährt werden, so z.B. bei bestimmten Berufsgruppen wie den Piloten.

Für Versorgungszusagen, die nach dem 31.12.2011 erteilt wurden, tritt an die Stelle des 60. Lebensjahres regelmäßig das 62. Lebensjahr.

Nicht um betriebliche Altersversorgung handelt es sich, wenn der Arbeitgeber oder eine Versorgungseinrichtung dem nicht bei ihm beschäftigten Ehegatten eines Arbeitnehmers **eigene Versorgungsleistungen** zur Absicherung seiner biometrischen Risiken verspricht, da hier keine Versorgungszusage aus Anlass eines Arbeitsverhältnisses zwischen dem Arbeitgeber und dem Ehegatten vorliegt.

Die Finanzierung der betrieblichen Altersversorgung erfolgt entweder unmittelbar über den Arbeitgeber (Direktzusage, unmittelbare Versorgungsverpflichtung) oder über verschiedene Durchführungswege, wie die Direktversicherung, die Pensionskasse, den Pensionsfonds oder die Unterstützungskasse.

Unabhängig vom gewählten Durchführungsweg kann die Versorgungszusage wie folgt zustande kommen:

- Einzelvertrag
- Gesamtzusage
- Betriebsvereinbarung
- Tarifvertrag
- Betriebliche Übung.

## 2 Was ist eine Unterstützungskasse?

Eine Unterstützungskasse (im Folgenden kurz Ukasse genannt) ist eine rechtsfähige Versorgungseinrichtung, die auf ihre Leistungen keinen Rechtsanspruch gewährt (Legaldefinition der Ukasse gemäß § 1b Abs. 4 S. 1 BetrAVG). Der fehlende Rechtsanspruch ist das wesentliche („konstitutive") Merkmal der Ukasse. Die Rechtsfähigkeit der Ukasse bedeutet, dass es sich um eine juristische Person handelt.

Es handelt sich bei der Ukasse um eine mittelbare, d.h. ausgelagerte Zusage. Die Rechtsbeziehung ist wie folgt:

Der Arbeitgeber sagt dem Arbeitnehmer die Gewährung von Versorgungsleistungen zu. Er erbringt die Leistungen nicht selbst, sondern bedient sich der Ukasse. Die Ukasse erbringt im Auftrag des Arbeitgebers die zugesagten Versorgungsleistungen an den Arbeitnehmer; der Anspruch des Arbeitnehmers richtet sich gegen die Ukasse, die im Leistungsfall die zugesagten Leistungen an den Arbeitnehmer zahlt. Falls die Ukasse mangels Vermögen nicht leisten kann, gibt es die Durchgriffshaftung gegen den Arbeitgeber (§ 1 Abs. 1 S. 3 BetrAVG). Die Finanzierung der Ukasse erfolgt durch den Arbeitgeber.

## 3 Was ist eine rückgedeckte Ukasse?

Verschafft sich die Ukasse die Mittel, die sie zur Erbringung der zugesagten Versorgungsleistungen benötigt, durch den Abschluss einer Lebensversicherung, die auf das Leben des Versorgungsberechtigten abgeschlossen ist (Rückdeckungsversicherung), spricht man von einer rückgedeckten Ukasse.

Die Satzung einer Ukasse kann durchaus vorsehen, dass die Rückdeckungsversicherungen nur bei einem Versicherer abgeschlossen werden (versicherergebundene Ukasse; üblich bei den von den Versicherern gegründeten Ukassen); die Satzung kann aber auch hinsichtlich der Wahl des Rückdeckungsversicherers den Trägerunternehmen freie Wahl lassen (versichereroffene Ukasse). Neben der rückgedeckten Ukasse gibt es noch die pauschaldotierte Ukasse und eine Mischform aus beiden. Die pauschaldotierte Ukasse ist nicht Gegenstand dieses Buches.

## 4 Was ist ein Trägerunternehmen?

Eine Ukasse wird von einem oder mehreren Unternehmen (Arbeitgebern) finanziert. Diese Unternehmen werden steuerlich als „Trägerunternehmen" der Ukasse bezeichnet (§ 4d EStG).

Trägerunternehmen können neben Unternehmen auch sonstige Organisationen (in ihrer Funktion als Arbeitgeber) sein, die für ihre Mitarbeiter die betriebliche Altersversorgung über eine Ukasse regeln, wie z.B. Wirtschaftsverbände, Berufsorganisationen, Wohlfahrtsorganisationen etc.

# II Arten und Besonderheiten

## II.1 Arten von Unterstützungskassen

### 5 Welche Arten von Ukassen gibt es?

Je nachdem, wie viele Arbeitgeber (Trägerunternehmen) einer Ukasse angehören, unterscheidet man zwischen:

#### a) Einzel- oder Firmenkassen

Hierbei ist die Ukasse ausschließlich für die Versorgung der Mitarbeiter eines einzelnen Unternehmens zuständig. Dieses Unternehmen ist alleiniges Trägerunternehmen der Kasse.

#### b) Konzernkassen

Die Ukasse ist für die Versorgung der Mitarbeiter mehrerer Unternehmen zuständig, die wirtschaftlich miteinander verbunden sind (Konzern). Die dem Konzern angehörigen Unternehmen sind Trägerunternehmen der Ukasse.

#### c) (überbetriebliche) Gruppenkassen

Die Ukasse ist für die Versorgung der Arbeitnehmer einer Vielzahl von Unternehmen zuständig, die rechtlich und wirtschaftlich voneinander unabhängig sind. Diese Unternehmen können einem gemeinsamen Wirtschaftszweig angehören, müssen es aber nicht.

> Ein Beispiel für eine Konzern-Ukasse ist z.B. die Bayer Unterstützungskasse; Beispiele für überbetriebliche Gruppenkassen sind die von vielen Versicherern gegründeten Unterstützungskassen.

### 6 Welche Rechtsform kann eine Ukasse haben?

Da die Ukasse per Definition rechtsfähig sein muss (vgl. Frage 2), muss sie eine juristische Person sein. Eine bestimmte Rechtsform wird vom Gesetzgeber nicht vorgeschrieben. Üblicherweise findet man folgende Rechtsformen für Ukassen:

a) eingetragener Verein (e.V.);

b) Gesellschaft mit beschränkter Haftung (GmbH);

c) Stiftung.

Überwiegend findet man Ukassen in der Rechtsform eines eingetragenen Vereins; dies insbesondere deshalb, weil kein Gründungskapital wie bei einer GmbH erforderlich ist und der Jahresabschluss einfacher und kostengünstiger als bei einer GmbH ist. Sehr selten sind Ukassen in der Rechtsform einer Stiftung.

Als Beispiele für eine Stiftung seien die „Bayerische Polizeistiftung" und die „Sachtleben-Stiftung für Mitarbeiter der Sachtleben Bergbau GmbH" genannt.

## II.2 Besonderheiten von Unterstützungskassen

### 7 Die Ukasse gewährt keinen Rechtsanspruch auf ihre Leistungen. Ist sie deswegen ein Durchführungsweg zweiter Klasse?

Per Definition darf die Ukasse keinen Rechtsanspruch auf Versorgungsleistungen gewähren (vgl. Frage 2). Der Ausschluss des Rechtsanspruchs ist konstitutiv, d.h. ein wesentliches Element der Ukasse. Er wird weder steuer- noch aufsichtsrechtlich dadurch infrage gestellt, dass das BAG die Ukasse in ständiger Rechtsprechung lediglich als Abwicklungsform ansieht und deshalb dem Versorgungsberechtigten aus dem arbeitsrechtlichen Grundverhältnis letztlich doch ein faktischer Rechtsanspruch sowohl gegen die Ukasse als auch – im Wege der Durchgriffshaftung – gegen das Trägerunternehmen zugesteht.

Ein Widerruf der Zusage kommt – auch während der Anwartschaftszeit – allenfalls nach billigem Ermessen in Betracht. Hier hat die Rechtsprechung des BAG mit der Drei-Stufen-Theorie (zwingende Gründe, triftige Gründe, sachlich-proportionale Gründe) den Rahmen vorgegeben (BAG-Urteil vom 17.4.1985 – 3 AZR 72/83).

Mit der Neufassung des § 1 BetrAVG durch das AVmG wurde klargestellt, dass unabhängig von der Durchführungsform der betrieblichen Altersversorgung immer eine arbeitsrechtliche Durchgriffshaftung des Arbeitgebers zur Erbringung der zugesagten Versorgungsleistungen besteht (§ 1 Abs. 1 S. 3 BetrAVG).

### 8 Unterliegt eine Ukasse der Mitbestimmung?

Nach § 87 Abs. 1 Nr. 8 BetrVG hat der Betriebsrat das Recht, bei der Form, Ausgestaltung und Verwaltung von Sozialeinrichtungen, deren Wirkungsbereich auf den Betrieb, das Unternehmen oder den Konzern beschränkt ist, mitzubestimmen. Zu den mitbestimmungspflichtigen Sozialeinrichtungen gehört auch die Ukasse.

Da Versorgungszusagen auch Fragen der Lohngestaltung betreffen, ist auch eine Mitbestimmung nach § 87 Abs. 1 Nr. 10 BetrVG gegeben.

Nach § 3 Nr. 2 KStDV muss bei einer steuerbefreiten Ukasse den Arbeitnehmern des Trägerunternehmens satzungsgemäß und tatsächlich das Recht eingeräumt werden, bei der Verwaltung sämtlicher Beträge, die der Ukasse zufließen, beratend mitzuwirken. Die Mitwirkung des Betriebsrats gemäß Betriebsverfassungsgesetz genügt hier nicht.

Bei einer rückgedeckten Ukasse läuft die Mitwirkung an der Vermögensanlage insoweit ins Leere, als die Vermögensanlage durch den Versicherer, bei dem die Rückdeckungsversicherungen abgeschlossen werden, erfolgt. Eine tatsächliche Mitwirkung der Träger unternehmen an der Kapitalanlage des Versicherers ist i.d.R. ausgeschlossen; sie ist nur bei sehr großem Anlagevolumen möglich.

Um die Mitwirkungsrechte der Mitarbeiter formal dennoch zu erfüllen, kann ein Beirat der Ukasse gebildet werden, in den Arbeitnehmervertreter der Trägerunternehmen gewählt werden, die auch an den Mitgliederversammlungen beratend teilnehmen. Der Beirat jedes einzelnen Trägerunternehmens muss die Gesamtheit seiner Leistungsanwärter repräsentieren, d.h., er muss von diesen unmittelbar oder mittelbar gewählt werden. Der Beirat darf nicht von der Geschäftsleitung des Trägerunternehmens bestimmt werden.

Organisatorisch schwierig wird die Einbindung des Beirats bei Gruppen-Ukassen, die viele Trägerunternehmen haben. Hier wird in der Praxis aus von allen Trägerunternehmen benannten Beiratsmitgliedern eine Gruppe von Beiratsmitgliedern gewählt, die an den Mitgliederversammlungen stellvertretend für alle Beiräte teilnehmen.

Bei Firmen- oder Konzernkassen kann man die Mitbestimmung anstelle eines Beirates auch dadurch lösen, dass in den Vorstand der Ukasse auch Arbeitnehmervertreter gewählt werden.

Die Mitbestimmung des Betriebsrats bezieht sich jedoch nicht auf die Auswahl des Versicherers für die Rückdeckungsversicherungen. Über die Auswahl des Versicherers entscheidet allein der Arbeitgeber (BAG, Beschluss vom 19.7.2005 - 3 AZR 502/04).

## 9 Welcher Aufsicht unterliegen Ukassen?

Ukassen unterliegen praktisch keiner Aufsicht, insbesondere nicht der Versicherungsaufsicht. Sie sind folglich in ihrer Kapitalanlage völlig frei. Dies ist ein wesentlicher Grund dafür, dass Ukassen keinen Rechtsanspruch auf Leistungen gewähren dürfen.

Bei den rückgedeckten Ukassen unterliegen jedoch die Versicherer der Versicherungsaufsicht durch die BaFin, so dass hinsichtlich der Sicherheit der Kapitalanlagen für die Versicherer diverse gesetzliche Vorschriften (§§ 53, 54 VAG) existieren. Siehe hierzu auch Frage 53.

# III Gründung einer Unterstützungskasse

## III.1 Gründungsformalitäten

### 10 Welche Schritte sind zur Gründung einer Ukasse erforderlich?

Um eine Ukasse neu zu gründen, können wahlweise folgende drei Wege beschritten werden:

**a) eingetragener Verein (e.V.)**

Der eingetragene Verein entsteht durch den Gründungsvertrag und erwirbt seine Rechtsfähigkeit durch Eintragung ins Vereinsregister beim zuständigen Amtsgericht (§ 55 BGB). Folgende Schritte sind zur Vereinsgründung erforderlich:

- Erstellen einer Satzung;
- Durchführung einer Gründungsversammlung inkl. Bestellung der Vorstandsmitglieder;
- Eintragung des Vereins ins Vereinsregister.

**b) GmbH**

Die GmbH entsteht durch Eintragung in das Handelsregister; sie ist somit Kaufmann i.S.d. § 6 HGB, auch wenn keine kaufmännische Tätigkeit ausgeübt wird. Folgende Schritte sind für die Gründung erforderlich:

- Erstellen des Gesellschaftsvertrags inkl. Satzung der GmbH;
- Festlegen des Gegenstandes des Unternehmens (ausschließliche und unmittelbare Verwendung des Vermögens und der Einkünfte für die Zwecke der Ukasse);
- Liste der Gesellschafter;
- Bestellung des/der Geschäftsführer(s) (natürliche Person);
- Stammkapital in Höhe von 25.000 €, davon mindestens 50 % eingezahlt. Ein Aufsichtsrat ist nicht erforderlich, kann aber eingerichtet werden.

**c) Stiftung**

Die Stiftung ist dadurch gekennzeichnet, dass ein bestimmtes Vermögen verselbstständigt wird. Die Stiftung erfolgt durch den Stiftungsakt und das Stiftungsrecht Die Genehmigung der Stiftung erfolgt abhängig vom Bundesland, in dem die Stiftung ihren Sitz hat durch den Staat oder das Bundesland. Stiftungen unterliegen der staatlichen Aufsicht.

Einziges Organ der Stiftung ist der Vorstand; es gibt keine Mitglieder. Zur Stiftung gehört die Verfassung, die i.d.R. auch die Satzung beinhaltet.

## 11 Was sind die wesentlichen Elemente der Satzung einer Ukasse in der Rechtsform des e.V.?

Da Ukassen in der Rechtsform des e.V. am häufigsten anzutreffen sind, soll auf deren Satzung und Gründung im Folgenden näher eingegangen werden. Wesentliche Elemente der Satzung sind u.a.

- Name und Sitz der Kasse;
- Wirtschaftsjahr der Kasse;
- Art der Versorgungsleistungen, die die Kasse gewährt;
- Personenkreis der Leistungsanwärter und Leistungsempfänger;
- Mitgliedschaft;
- Aufgaben der Mitgliederversammlung;
- Aufgaben des Vorstands;
- Vertretungsbefugnisse des Vorstands;
- Aufgaben des Beirats der Kasse (Mitwirkungsrechte);
- Angaben zur Beschlussfassung.

Vgl. hierzu auch §§ 57, 58 BGB. Ein Beispiel für eine Mustersatzung für eine Gruppen-Ukasse kann dem Anhang 1 entnommen werden. Bei Bedarf kann die Satzung auch für die Gewährung sog. Notstandsbeihilfen (nicht lebenslänglich laufende Leistungen) erweitert werden.

## 12 Wer kann Gründungsmitglied einer Ukasse in der Rechtsform des e.V. werden?

Für die Gründung einer Ukasse in der Rechtsform des eingetragenen Vereins sind gemäß § 56 BGB mindestens 7 Gründungsmitglieder erforderlich. Gründungsmitglieder können natürliche und juristische Personen sein. Die Gründungsmitglieder müssen nicht notwendigerweise auch Trägerunternehmen der Ukasse sein.

## 13 Wie läuft die Gründungsversammlung bei einem e.V. ab?

Zur Gründungsversammlung sind alle Gründungsmitglieder einzuladen. Zu Beginn der Gründungsversammlung werden der Versammlungsleiter und der Protokollführer von den Gründungsmitgliedern gewählt.

Der Versammlungsleiter liest die Satzung vor. Sofern Erklärungsbedarf besteht, wird darüber diskutiert. In der Regel werden mögliche Fragen im Vorfeld mit den Gründungsmit gliedern geregelt.

Im Anschluss daran wird über die Satzung abgestimmt und der Beschluss zur Abstimmung gestellt, den Verein ins Vereinsregister einzutragen.

Hieran schließt sich die Wahl des Vorstands an. Dazu können im Vorfeld Kandidaten benannt werden, die zur Übernahme dieser Funktion bereit sind.

Sofern eine Ukasse für **ein** Unternehmen oder **eine** Unternehmensgruppe gegründet wird, empfiehlt es sich, den Vorstand paritätisch mit Arbeitgeber- und Arbeitnehmervertretern zu besetzen. Bei überbetrieblichen Gruppen-Ukassen kann der Vorstand frei benannt werden; der Vorstand kann eine juristische Person sein.

Sofern der Vorstand nicht selbst die Verwaltung der Ukasse übernimmt, sollte auf der Gründungsversammlung auch die Verwaltungsgesellschaft bzw. der Verwalter gewählt werden. Hierzu gehört dann ggf. auch die Festlegung der Verwaltungsgebühren für den Verwalter. Es empfiehlt sich, einen Verwaltungsvertrag zwischen der Ukasse und dem Verwalter zu schließen, in dem Art und Umfang der Aufgaben sowie das Honorar fest gelegt werden.

Über die Gründungsversammlung ist ein Protokoll anzufertigen, das vom Protokollführer und von den Gründungsmitgliedern zu unterschreiben ist. Ebenfalls sind die Unterschriften sämtlicher Gründungsmitglieder für die Satzung einzuholen.

Es empfiehlt sich aus Sicherheitsgründen, ein weiteres Unterschriftsblatt mit den Unterschriften aller Gründungsmitglieder zu erstellen, falls das Originalexemplar verloren gehen sollte.

Im Protokoll sind die Gründungsmitglieder namentlich mit Geburtsdatum und Privatanschrift, bei juristischen Personen mit Anschrift des Unternehmens und Handelsregisternummer sowie Vertretungsberechtigungen aufzuführen.

Das Muster eines Gründungsprotokolls ist als Anhang 2 beigefügt.

Es ist durchaus möglich, dass der Sitz der Ukasse und der Sitz der Verwaltungsgesellschaft an verschiedenen Orten sind.

## 14 Wie erfolgt die Eintragung ins Vereinsregister?

Die Eintragung des Vereins in das Vereinsregister wird durch einen Notar veranlasst. Folgende Unterlagen sind im Original und zusätzlich in Kopie vorzulegen:

- Satzung der Kasse inkl. Unterschriften aller Gründungsmitglieder;
- Gründungsprotokoll;
- ferner die Namen der Vorstandsmitglieder mit Hinweis „geschäftsführendes“ oder „einfaches“ Vorstandsmitglied.

Die Beantragung der Eintragung in das Vereinsregister erfolgt durch den vertretungsberechtigten Vereinsvorstand bei einem Notar. Für den Notartermin haben sich die betreffenden Vorstandsmitglieder durch Personalausweis oder Reisepass auszuweisen, sofern sie dem Notar nicht persönlich bekannt sind.

Für die Eintragung in das Vereinsregister ist erfahrungsgemäß mit mindestens 6 Wochen zu rechnen, je nach Amtsgericht kann es auch wesentlich länger dauern.

**Wichtig:** Bevor der Verein nicht in das Vereinsregister eingetragen ist, kann die Unterstützungskasse keine Geschäfte abwickeln, da sie rechtlich noch nicht existiert und somit noch nicht rechtswirksam handeln kann. Sie existiert nur als sog. Vorverein. Auf nahmen in die Ukasse sollten deshalb erst nach Eintragung in das Vereinsregister er folgen. Wird die Eintragung aus welchen Gründen auch immer verweigert, müsste alles rückabgewickelt werden. Gemäß BFH-Urteil vom 12.6.2002 - XI R 28/01 steht der zunächst noch fehlenden Rechtsfähigkeit der Ukasse ein Betriebsausgabenabzug der Zuwendungen gemäß § 4d EStG jedoch nicht entgegen.

Wenn der Verein gegründet ist, müssen spätere Veränderungen im Vorstand (Anmeldung des Ausscheidens der bisherigen Vorstandsmitglieder und Anmeldung der neugewählten Vorstandsmitglieder) sowie Veränderungen der Satzung dem Amtsgericht gemeldet wer den. Hierzu sind die Protokolle der jeweiligen Mitgliederversammlung vorzulegen.

Diese Protokolle müssen folgende Angaben enthalten:

a) Ort und Tag der Versammlung, Angabe des Versammlungsleiters sowie des Protokollführers;

b) die Zahl der erschienenen Mitglieder;

c) die Feststellung der satzungsgemäßen Einberufung der Versammlung;

d) die Feststellung der Beschlussfähigkeit;

e) die Tagesordnung mit der Angabe, dass sie bei der Einladung zur Versammlung mit angekündigt war;

f) die gestellten Anträge und die dazu gefassten Beschlüsse und Wahlen, das ziffernmäßig genaue Abstimmungsergebnis und bei Satzungsänderungen der neue Wortlaut der geänderten Paragrafen;

g) die Unterschriften der Personen, die satzungsgemäß die Beschlüsse zu beurkunden haben.

## 15 Welche sonstigen organisatorischen Maßnahmen sind für die Ukasse zu treffen?

Folgende organisatorischen Maßnahmen sind zusätzlich zu treffen:

### a) Einrichtung eines Bankkontos

Für die Abwicklung der Geschäftstätigkeiten der Ukasse ist ein Bankkonto einzurichten. Für die Einrichtung eines Bankkontos sind die Unterschriftsbevollmächtigten sowie der Umfang ihrer Zahlungsbevollmächtigungen festzulegen. Dies erfolgt durch Standardformulare der Bank.

#### b) Beantragung einer Steuernummer der Ukasse

Bei dem für die Körperschaftsteuerveranlagung der Ukasse zuständigen Finanzamt ist unter Einreichung der Satzung der Ukasse sowie des Vereinsregisterauszugs formlos eine Steuernummer zu beantragen.

#### c) Vorläufige Beantragung der Steuerfreiheit der Ukasse

Sofern Ukassen die Bedingungen gemäß § 5 KStG erfüllen (vgl. hierzu Frage 59), sind sie steuerbefreit Dies bedeutet, dass bei rückgedeckten Ukassen der Versicherer bei der Auszahlung von Versicherungsleistungen keine Kapitalertragsteuer (sofern diese fällig würde) bzw. die Bank keine Zinsertragsteuer einbehält. Der Nachweis der Steuerbefreiung erfolgt durch entsprechende Nachweise gegenüber dem Finanzamt. Da diese Nachweise aber erst im Nachhinein erbracht werden können, holt man sich zu Beginn einen vorläufigen Freistellungsbescheid ein, indem man die Satzung der Ukasse vorlegt, anhand derer das Finanzamt prüfen kann, ob die formalen Voraussetzungen für die Steuerfreiheit der Ukasse vorliegen.

Die Freistellungsbescheinigungen des Finanzamtes werden dann der Bank und dem Versicherer - beglaubigte Abschrift -vorgelegt.

Der endgültige Nachweis der Steuerfreiheit der Ukasse erfolgt erst im Rahmen der Vorlage der Körperschaftsteuererklärungen der Ukasse.

#### d) Einrichtung der Finanzbuchhaltung

Für die spätere Erstellung der Einnahmen-/Ausgabenrechnung müssen die Zahlungsströme der Ukasse festgehalten werden. Hierfür ist für die Ukasse eine Finanzbuchhaltung einzurichten.

Bei den von den Versicherern gegründeten Ukassen wird die Finanzbuchhaltung i.d.R. vom Versicherer übernommen. Da die Beiträge des Trägerunternehmens nicht an die Ukasse und von dort an den Versicherer weitergeleitet werden, sondern - in Abkürzung des Zahlungsweges - vom Trägerunternehmen direkt an den Versicherer, kann der Ver sicherer die Zahlungsströme dokumentieren.

## III.2 Mitglieder der Unterstützungskasse

### 16 Wer kann Mitglied einer Ukasse werden?

Mitglieder einer Ukasse sind die Gründungsmitglieder. Daneben können die Trägerunternehmen und die Begünstigten Mitglied werden; zwingend ist dies aber nicht.

Bei überbetrieblichen Gruppen-Ukassen empfiehlt es sich, nur die Trägerunternehmen als Mitglieder aufzunehmen, da es ansonsten für die Mitgliederversammlungen organisatorische Probleme geben kann (Mengenproblem).

## 17 Wie erfolgt die Aufnahme neuer Trägerunternehmen in eine Ukasse?

Wollen neue Trägerunternehmen einer Ukasse beitreten, so müssen sie eine Beitrittserklärung unterschreiben und an den Vorstand/Verwalter der Ukasse senden und werden damit Vereinsmitglied.

Mit dieser Beitrittserklärung verpflichten sich die neuen Trägerunternehmen, neben der Beitragszahlung für die Rückdeckungsversicherungen auch die ggf. anfallenden Verwaltungsgebühren für die Ukasse zu zahlen.

Mit der Beitrittserklärung wird auch das Beiratsmitglied der Firma benannt. Dieses Beiratsmitglied sollte ein gewählter Arbeitnehmer oder Betriebsratsmitglied sein, auf keinen Fall der Unternehmer selber.

Die Benennung eines Beiratsmitglieds ist erforderlich, damit die Ukasse satzungsgemäß ihrer Verpflichtung nachkommen kann, die Arbeitnehmer an der Vermögensanlage der Ukasse zu beteiligen (auch wenn dies im Falle einer rückgedeckten Kasse faktisch ins Leere läuft).

Weiterhin wird in der Beitrittserklärung das Unternehmen darauf hingewiesen, dass die Ukasse nur die Leistungen erbringt, die ausfinanziert sind und im Falle einer nicht aus reichenden Deckung eine Durchgriffshaftung auf das Trägerunternehmen gegeben ist.

Das Muster einer Beitrittserklärung ist als Anhang 3 beigefügt.

# IV Leistungen der Unterstützungskasse

## IV.1 Arten von Leistungsplänen

### 18 Was ist ein Leistungsplan?

Ein Leistungsplan ist eine Regelung, in der festgelegt wird, welcher Personenkreis unter welchen Voraussetzungen welche Versorgungsleistungen erhält. Die Leistungen einer Ukasse müssen grundsätzlich schriftlich erteilt werden – auch bei Einzelzusagen. Die Schriftlichkeit ist Voraussetzung, um einen Arbeitnehmer als Leistungsanwärter definieren zu können. Fehlt die Schriftform, ist ein solcher Arbeitnehmer kein Leistungsanwärter im Sinne von § 4 d EStG und kann somit nicht in die Berechnung des Dotierungsrahmens bzw. des zulässigen Kassenvermögens einbezogen werden.

Der Leistungsplan kann grundsätzlich in die Satzung der Ukasse integriert werden, es empfiehlt sich aber, den Leistungsplan eigenständig außerhalb der Satzung zu erstellen. Eine Vermischung des Leistungsplans mit der Satzung würde immer dann eine Satzungsänderung und damit eine Meldung beim Vereinsregister erfordern, wenn sich der Leistungsplan ändert. Gesetzliche Änderungen ziehen häufig eine Anpassung des Leistungsplans an die neuen Gegebenheiten nach sich; deshalb sollte der Leistungsplan separat erstellt werden.

Anstelle eines Leistungsplans, der üblicherweise für mehrere Leistungsanwärter Anwendung findet, können auch Einzelzusagen erteilt werden.

Bei der Gestaltung des Leistungsplans bzw. einer Einzelzusage sind arbeits-, steuer und betriebsverfassungsrechtliche Vorschriften zu beachten.

### 19 Müssen innerhalb einer Ukasse für alle Versorgungsberechtigten die gleichen Leistungen festgelegt werden?

Nein. Jedes Trägerunternehmen legt individuell für sich fest, welche Leistungen es seinen Mitarbeitern zusagen will. Für jedes Trägerunternehmen wird ein separater Leistungsplan erstellt, der unabhängig von den Leistungsplänen der übrigen Trägerunternehmen ist.

Weiterhin werden die Bedingungen, unter welchen Voraussetzungen die Mitarbeiter Versorgungsleistungen erhalten können, individuell pro Trägerunternehmen festgelegt.

### 20 Welche Leistungsarten kann eine Ukasse erbringen?

Man unterscheidet grundsätzlich zwischen lebenslänglich laufenden Leistungen und nicht lebenslänglich laufenden Leistungen.

Lebenslänglich laufende Leistungen sind solche Leistungen, die nicht von vorneherein auf eine bestimmte Anzahl von Jahren befristet sind oder nur bis zu einem bestimmten Lebensalter des Leistungsberechtigten gezahlt werden. Maßgeblich ist, dass die Leistungserbringung an das Leben des Versorgungsberechtigten gebunden ist.

Zu den lebenslänglich laufenden Leistungen gehören auch Witwen- und Witwerrenten, die bis zum Tode der Witwe/des Witwers gezahlt werden, auch wenn sie unter dem Vorbehalt des Wegfalls bei Wiederverheiratung stehen. Auch Invalidenrenten gehören dazu, sofern sie bei Erreichen des normalen Pensionierungsalters in eine lebenslänglich zahlbare Altersrente übergehen – vorausgesetzt, beide Leistungen werden von der Ukasse erbracht.

Für die Charakterisierung einer Leistung als „lebenslänglich laufend“ sind die Leistungsvoraussetzungen zu Beginn maßgebend.

Nicht lebenslänglich laufende Leistungen sind solche einmalige oder laufende Leistungen, die aus besonderem Anlass geleistet werden, insbesondere sog. Notstandsleistungen bei Krankheit, Tod, Arbeitslosigkeit oder zu sonstigen Gegebenheiten. Weiterhin gehören hierzu Leistungen, die nur befristet gezahlt werden, wie z.B. Waisenrenten.

Gewährt eine Ukasse anstelle einer Rentenleistung eine einmalige Kapitalleistung im Alter, so gelten 10 % des Kapitals als lebenslänglich laufende Leistung. Voraussetzung hierfür ist, dass die Kapitalleistung an die Stelle einer lebenslänglich laufenden Rente tritt und nicht nur eine Notstandsleistung ist. Nach Auffassung der Finanzverwaltung hat eine Kapitalleistung nur dann Versorgungscharakter, wenn sie mindestens 7.669 € beträgt.

Soll eine Ukasse neben den lebenslänglich laufenden Leistungen auch nicht lebenslänglich laufende Leistungen erbringen, muss dies in der Satzung der Ukasse verankert werden. Das Thema nicht lebenslänglich laufende Leistungen ist nicht Gegenstand dieses Buches.

## 21 Welche Leistungen können über eine Ukasse zugesagt werden?

Es können sowohl Kapital- als auch Rentenleistungen zugesagt werden.

Bei den Kapitalzusagen sind Todesfall- und/oder Erlebensfallleistungen sowie eine Berufsunfähigkeitsrente bzw. ein Berufsunfähigkeitskapital möglich.

Bei den Rentenzusagen können neben der Altersrente auch eine Invalidenrente sowie eine Hinterbliebenenleistung (Witwen-/Witwerrente und Waisenrenten) zugesagt werden. Anstelle einer Rente an die Hinterbliebenen kann auch eine Kapitalzahlung vorgesehen werden.

Die Art der Leistung und der Leistungsumfang hängen vom Produktangebot des jeweiligen Versicherers und den Wünschen des Trägerunternehmens ab.

Wichtig bei einer rückgedeckten Ukasse ist auf jeden Fall, dass die im Leistungsplan beschriebenen Leistungen vollständig von den Rückdeckungsversicherungen abgedeckt sind, damit es nicht zu einer Nachfinanzierung durch das Trägerunternehmen im Leistungsfall wegen nicht abgesicherter Versorgungsleistungen kommt (kongruente Rückdeckung). Eine Divergenz zwischen den Leistungsrichtlinien der Ukasse und den Versicherungsbedingungen der Rückdeckungsversicherung könnte zu einer Über- oder Unterdeckung der Ukasse führen. Bei dem Abgleich zwischen Leistungsplan und Versicherungsprodukten ist deshalb größte Sorgfalt walten zu lassen.

Fallstricke können sich insbesondere auftun bei:

- der Definition der Invalidität; neben dem Begriff der Berufsunfähigkeit wird auch der Begriff der teilweisen oder vollständigen Erwerbsminderung i.S.d. § 43 SGB VI verwandt. Die Leistungsdefinition des Versicherers sollte wortwörtlich in den Leistungsplan übernommen werden.
- der Kapitalisierung von Hinterbliebenenleistungen bei Tod innerhalb einer Rentengarantiezeit;
- Zahlung der Leistungen (vor-/nachschüssig);
- Leistung bei Selbstmord/Selbstverstümmelung.

Der Versicherer leistet hier nur unter bestimmten Bedingungen; diese sollten in den Leistungsplan übernommen werden.

## 22 Welche Typen von Versorgungszusagen sind möglich?

Möglich sind:

- **echte Leistungszusagen:** Es wird die Leistung bzw. die Leistungsformel, wie sich die Leistung im Versorgungsfall berechnet, vorgegeben. Diese kann als Festzusage oder als dienstzeit- und/oder gehaltsabhängige Leistung definiert sein.
- **beitragsorientierte Leistungszusagen:** Es wird der Beitrag für die Rückdeckungsversicherung (als absoluter Betrag oder gehaltsabhängig) vorgegeben, aus dem sich die Leistungen im Versorgungsfall berechnen.
- Entgeltumwandlungszusagen;
- **Gesamtzusagen:** Es wird eine Leistung in Prozent des letzten Gehaltes inkl. der Rente aus der gesetzlichen Rentenversicherung zugesagt. Bei Gesamtzusagen werden die zu erwartenden Leistungen aus der gesetzlichen Rentenversicherung nach einem Näherungsverfahren berechnet, welches auch für Pensionsrückstellungen Anwendung findet. Das aktuelle Näherungsverfahren ist im BMF-Schreiben vom 15.3.2007 beschrieben, geändert am 5.5.2008.

Neue Gesamtzusagen werden derzeit kaum mehr erteilt und sollten, wegen des zu erwartenden Rückgangs der Renten aus der gesetzlichen Rentenversicherung, auch nicht mehr erteilt werden, da der zukünftige Aufwand des Arbeitgebers nicht mehr kalkulierbar ist.

Beitragszusagen mit Mindestleistung sind über eine Ukasse jedoch nicht möglich. Dies gilt auch für die reinen Beitragszusagen im Rahmen des Sozialpartnermodells.

## 23 Ist eine Entgeltumwandlung über eine rückgedeckte Ukasse möglich?

Um eine durch Entgeltumwandlung finanzierte betriebliche Altersversorgung handelt es sich auch, wenn Arbeitgeber und Arbeitnehmer vereinbaren, künftige Arbeitslohnansprüche zugunsten einer betrieblichen Altersversorgung herabzusetzen (Umwandlung in eine wertgleiche Anwartschaft auf Versorgungsleistungen; § 1 Abs. 2 Nr. 3 BetrAVG). Wichtig ist hierbei, dass mindestens ein biologisches Risiko (Alter, Invalidität oder Tod) enthalten ist und erst bei Eintritt dieses Risikos die Versorgungsleistung fällig wird. Es können sowohl Renten- als auch Kapitalleistungen zugesagt werden.

Die Umwandlung in eine wertgleiche Anwartschaft erfolgt durch Umrechnungstabellen; bei der rückgedeckten Ukasse sind dies die Versicherungs- und Beitragstarife des Versicherers.

Die Entgeltumwandlung kann gemäß § 1a Abs. 1 BetrAVG auch über eine Ukasse erfolgen.

Nicht um Entgeltumwandlung, sondern um Eigenbeiträge des Arbeitnehmers handelt es sich, wenn die Beiträge aus bereits zugeflossenem und versteuertem Arbeitsentgelt geleistet werden.

# IV.2 Begünstigter Personenkreis für Leistungen

## 24 Wer kann Leistungsanwärter der Ukasse sein?

In § 4d EStG wird der Begriff „Leistungsanwärter" und „Leistungsempfänger" benutzt, wogegen im KStG der Begriff der „Zugehörigen" verwendet wird. Der Begriff der Zugehörigen ist dabei umfassender als der Begriff Leistungsanwärter/-empfänger.

Leistungsanwärter können alle Mitarbeiter des Trägerunternehmens sein, die Leistungen der Ukasse erhalten können, d.h. alle Personen, die nicht aufgrund der Satzung der Ukasse oder sonstiger Vereinbarungen ausdrücklich ausgeschlossen sind. Hierzu zählen alle Arbeitnehmer (Arbeiter und Angestellte) des Trägerunternehmens und arbeitnehmerähnliche Personen (Heimarbeiter, Handwerker, Handelsvertreter und andere Selbstständige), sofern ihnen aus Anlass ihrer Tätigkeit für das Trägerunternehmen Versorgungsleistungen gewährt werden. Auch Auszubildende können bereits Leistungsanwärter sein (§ 17 Abs. 1 BetrAVG).

Leistungsanwärter können auch Gesellschafter-Geschäftsführer von GmbHs, Vorstände von Aktiengesellschaften, Gesellschafter von Personengesellschaften sowie Arbeitnehmer-Ehegatten (bei Personengesellschaften) sein.

Zu den Leistungsanwärtern zählen auch Angehörige i.S.d. § 15 AO. Siehe hierzu auch Frage 30.

Leistungsanwärter können auch Zugehörige von Spitzenverbänden der freien Wohlfahrtspflege, Einrichtungen und Anstalten und sonstige gemeinnützige Wohlfahrtsverbände sein.

Bei der Definition des Personenkreises, der Leistungen aus der Ukasse erhalten soll, ist grundsätzlich darauf zu achten, dass der arbeitsrechtliche Gleichbehandlungsgrundsatz gewahrt ist.

Scheiden Mitarbeiter mit gesetzlich oder arbeitsrechtlich unverfallbaren Anwartschaften aus dem Trägerunternehmen aus, bleiben sie Leistungsanwärter der Ukasse. Erst dann, wenn die Ukasse nicht mehr mit einer Inanspruchnahme der Leistungen rechnen muss, scheiden sie aus der Ukasse aus. Die Ukasse braucht diesbezüglich allerdings keine Nachforschungen anzustellen, bevor die Altersgrenze erreicht ist.

Personen, bei denen bis zum Ablauf des auf das Erreichen der Altersgrenze folgenden Wirtschaftsjahres nicht feststeht, ob die Ukasse mit einer Inanspruchnahme der Leistung rechnen muss, gehören vom Ende dieses Wirtschaftsjahres an nicht mehr zu den Leistungsanwärtern. (Als Folge davon gehört ab diesem Zeitpunkt das Deckungskapital der Versicherung zum tatsächlichen, aber nicht zum zulässigen Kassenvermögen.)

**Aber: Es gilt folgende steuerliche Einschränkung für die Zuwendungen:**

Nach § 4d EStG können Eigentümer des Trägerunternehmens (Unternehmer) und ihre Angehörigen nicht zum begünstigten Personenkreis einer Ukasse gehören. Für diese Personen dürfen somit mit steuerlicher Wirkung keine Zuwendungen an die Ukasse gemacht werden (kein Betriebsausgabenabzug; falls doch Rückdeckungsversicherungen abgeschlossen werden, gehört das Deckungskapital der Rückdeckungsversicherung nicht zum zulässigen, wohl aber zum tatsächlichen Kassenvermögen).

Zum Personenkreis der Unternehmer gehören:

- Einzelunternehmer (inkl. Freiberufler). Die Einzelunternehmer kann man steuerlich in Gewerbetreibende und sonstige Selbständige unterteilen.
- voll haftende Gesellschafter von Personengesellschaften. Hierunter fallen die Gesellschafter der Offenen Handelsgesellschaften (OHG) sowie die Komplementäre der Kommanditgesellschaften (KG).
- beschränkt haftende Gesellschafter von Personengesellschaften (Kommanditisten einer KG).

Der Abzug der Zuwendungen ist jedoch möglich für Gesellschafter-Geschäftsführer von Kapitalgesellschaften sowie Arbeitnehmer-Ehegatten (von Personengesellschaften), sofern für sie ein steuerlich anzuerkennendes Arbeitsverhältnis besteht.

## 25 Können auch ausländische Arbeitnehmer des Trägerunternehmens Leistungsanwärter der Ukasse werden?

Der Ukasse eines inländischen (deutschen) Trägerunternehmens geht die Steuerfreiheit nicht dadurch verloren, dass zu den Leistungsanwärtern und Leistungsempfängern auch Arbeitnehmer gehören, die das inländische Trägerunternehmen zur Beschäftigung in seinen ausländischen Tochtergesellschaften oder Betriebsstätten abgeordnet hat. Auch die Versorgung anderer, auch ausländischer Arbeitnehmer der ausländischen Tochtergesellschaften oder Betriebsstätten des inländischen Trägerunternehmens ist für die Ukasse steuerunschädlich, wenn für diese Arbeitnehmer von den ausländischen Tochtergesellschaften oder Betriebsstätten entsprechende Beiträge (Zuwendungen) an die Ukasse des inländischen Trägerunternehmens abgeführt werden.

Es sollte hierbei aber unbedingt vorab geprüft werden, ob der Rückdeckungsversicherer inländische Mitarbeiter, die im Ausland arbeiten bzw. ausländische Arbeitnehmer vorbehaltlos versichert. Hier könnte es ggf. zu Leistungsausschlüssen und Einschränkungen bzw. zur Nichtversicherbarkeit kommen.

Ein zusätzliches steuerliches Problem könnte darin bestehen, dass die Beiträge der ausländischen Tochtergesellschaft bzw. Betriebsstätte an eine deutsche Ukasse im Ausland nicht als Betriebsausgaben abzugsfähig sind, weil das ausländische Steuerrecht den Durchführungsweg Ukasse nicht kennt. In einem derartigen Fall wäre zu prüfen, ob man dies über eine interne Kostenverrechnung zwischen Mutter- und Tochtergesellschaft lösen kann.

## 26 Wer ist Leistungsempfänger der Ukasse?

Leistungsempfänger der Ukasse sind ehemalige Arbeitnehmer des Trägerunternehmens oder deren Hinterbliebenen, die einmalige oder laufende Leistungen von der Ukasse erhalten (Invaliden-, Hinterbliebenen-, Altersleistungen). Hierzu gehören auch Personen, die als „Teilrentner“ eine Teilrente aus der gesetzlichen Rentenversicherung beziehen und noch zeitanteilig aktiv im Unternehmen weiterarbeiten.

Leistungsempfänger können auch Unternehmer und deren Angehörige sein. Da für diesen Personenkreis mit steuerlicher Wirkung keine Zuwendungen geleistet werden können (vgl. Frage 24), sind deren Versorgungsleistungen nur aus den nicht benötigten Erträgen der Ukasse finanzierbar.

## 27 Was bedeutet „keine Mehrzahl der Eigentümer oder Gesellschafter" in § 5 Abs. 4 KStDV?

Damit die Ukasse körperschaftsteuerrechtlich als soziale Einrichtung gilt, darf sie nicht überwiegend den Eigentümer oder Gesellschafter des Trägerunternehmens und deren Angehörige bevorzugen.

Es geht bei der Mehrzahl um die Kopfzahl. Hiernach dürfen die Eigentümer bzw. Gesellschafter des Trägerunternehmens und deren Angehörige kopfzahlmäßig nicht stärker vertreten sein als die „normalen“ Arbeitnehmer. Kopfzahlmäßige Gleichheit erfüllt noch die geforderte Bedingung. Die Relation muss am Ende jeden Wirtschaftsjahres des Trägerunternehmens erfüllt sein. Gesellschafter-Geschäftsführer von GmbHs zählen hierbei als Gesellschafter.

Das KStG regelt nicht, dass es auch hinsichtlich der Höhe der Versorgungsleistungen dieser Personengruppen eine Angleichung geben muss. Hiernach können die Leistungen für die Eigentümer oder Gesellschafter (wesentlich) höher sein als die Leistungen für die „normalen“ Arbeitnehmer. Die Unternehmer sollten jedoch bei der

Festsetzung der Leistungen nicht einseitig bevorzugt werden. Es empfiehlt sich deshalb, die Leistungen nach objektiven Regelungen festzusetzen. Eine hohe Leistung für den Eigentümer und eine niedrige Leistung für eine Putzfrau, die auf 520 €-Basis arbeitet, dürfte gegen den sozialen Zweck der Ukasse verstoßen.

## 28 Wer sind steuerlich begünstigte Hinterbliebene?

Körperschaftsteuerrechtlich ist der Begriff der Hinterbliebenen mit den Angehörigen nach § 15 AO sehr weit gefasst. Steuerrechtlich wird der Hinterbliebenenbegriff aber sehr stark eingeengt. Damit soll die Vererbbarkeit von Hinterbliebenenleistungen ausgeschlossen werden. Eine Ausnahme gilt nur für die Zahlung eines Sterbegeldes bis zu 7.669 € an Angehörige.

Steuerlich begünstigt im Todesfall sind somit nur folgende Hinterbliebene:

- die Witwe/der Witwer;
- die Kinder i.S.d. § 32 Abs. 3 und 4 Satz 1 Nr. 1 bis 3 EStG;
- der frühere Ehegatte;
- in Einzelfällen der Lebensgefährte.

Werden dagegen andere als die oben bezeichneten Hinterbliebenen als Begünstigte benannt, geht der Gesetzgeber von einer Vererbung der Versorgungsanwartschaften aus; in diesem Fall liegt keine betriebliche Altersversorgung vor. Die Folge hiervon ist, dass die zugehörigen Rückdeckungsversicherungen steuerschädlich sind (kein Betriebsausgabenabzug) und nicht zum zulässigen Kassenvermögen gehören, wohl aber zum tatsächlichen Kassenvermögen. Hieraus kann es einerseits zu einer Begrenzung der Zuwendungen und andererseits zu einer Überdotierung der Ukasse kommen mit der Folge einer partiellen Steuerpflicht.

Der Leistungsplan kann den Kreis der Hinterbliebenen dabei grundsätzlich enger fassen als es arbeits- und steuerrechtlich zulässig ist und bspw. Leistungen nur für den Ehegatten, nicht aber für Kinder oder Lebensgefährten vorsehen.

## 29 Welche Voraussetzungen werden an Lebensgefährten gestellt, damit sie Hinterbliebenenleistungen erhalten können?

Der Begriff des Lebensgefährten ist als Oberbegriff zu verstehen, der auch gleichgeschlechtliche Lebensgemeinschaften mit erfasst. Ob eine gleichgeschlechtliche Lebenspartnerschaft eingetragen wurde oder nicht, ist dabei zunächst unerheblich. Für Partner einer eingetragenen Lebenspartnerschaft besteht allerdings die Besonderheit,

dass sie einander nach § 5 Lebenspartnerschaftsgesetz zum Unterhalt verpflichtet sind. Insoweit liegt eine mit der zivilrechtlichen Ehe vergleichbare Partnerschaft vor.

Handelt es sich dagegen um eine andere Form der nicht ehelichen Lebensgemeinschaft, muss geprüft werden, ob diese für eine Hinterbliebenenversorgung anerkannt werden kann. Gemäß BMF-Schreiben vom 25.7.2002 ist dabei regelmäßig ausreichend, wenn neben der geforderten namentlichen Benennung des Lebensgefährten in der schriftlichen Vereinbarung gegenüber dem Arbeitgeber/Trägerunternehmen auch versichert wird, dass eine gemeinsame Haushaltsführung vorliegt. Weiterhin muss der Lebensgefährte darüber informiert sein, dass er Leistungen der betrieblichen Altersversorgung erhalten kann.

Ein Mustertext für eine solche Erklärung ist als Anhang 4 beigefügt.

## 30 Wer gehört zu den Angehörigen?

Während für die Zahlung von Hinterbliebenenleistungen ein enger Hinterbliebenenbegriff Anwendung findet, können Sterbegeldleistungen auch an Angehörige gezahlt werden. Zu den Angehörigen gemäß § 15 AO zählen u.a.

- der Verlobte;
- der Ehegatte;
- Kinder (leibliche, adoptierte, Pflegekinder)
- Verwandte und Verschwägerte gerader Linie;
- Eitern;
- Geschwister;
- Kinder der Geschwister;
- Ehegatten der Geschwister und Geschwister der Ehegatten;
- Geschwister der Eitern;
- geschiedene Ehegatten
- etc.

Mit diesem Angehörigenbegriff können zumindest Sterbegeldleistungen in begrenzter

Höhe (derzeit maximal 7.669 €) mit steuerlicher Wirkung zur Verfügung gestellt werden.

## 31 Müssen die Leistungsanwärter über den fehlenden Rechtsanspruch auf Versorgungsleistungen informiert werden?

Ja; die Leistungsanwärter und -empfänger müssen in geeigneter Form über den fehlenden Rechtsanspruch auf Versorgungsleistungen informiert werden. Eine spezielle schriftliche Erklärung, dass sie über den fehlenden Rechtsanspruch informiert worden sind, ist allerdings nicht (mehr) erforderlich (Bundesaufsichtsamt v. 8.1.1991 – II 1 - P/St-A- 43/90).

Die vormalige schriftliche Einverständniserklärung wegen des fehlenden Rechtsanspruchs hatte in der Praxis zu erheblichem Erklärungsbedarf gegenüber den Leistungsberechtigten geführt; das Wegfallen dieser Erklärung ist deshalb zu begrüßen.

# V Finanzierung der Unterstützungskasse

## V.1 Allgemeine Voraussetzungen

### 32 Wie erfolgt die Finanzierung einer Ukasse?

Die Finanzierung einer Ukasse erfolgt durch Zahlungen des Trägerunternehmens an die Ukasse. Diese Zahlungen heißen im Steuerrecht „Zuwendungen". Die Höhe dieser Zuwendungen ist in § 4d EStG geregelt.

Die Leistungsempfänger dürfen nicht zu laufenden Beiträgen oder sonstigen Zuschüssen verpflichtet sein (§ 3 KStDV), dies würde gegen den sozialen Zweck der Ukasse verstoßen. Es können von diesen Personen jedoch freiwillige Zahlungen erbracht werden, was jedoch in der Praxis nicht geschieht.

Die Entgeltumwandlung zählt nicht als Beitrag des Leistungsanwärters, sondern ist eine Zuwendung des Trägerunternehmens.

Grundsätzlich unterscheidet man zwischen der pauschaldotierten Ukasse und der rückgedeckten Ukasse.

Bei der **pauschaldotierten Ukasse** kann für die Leistungsanwärter nur ein Teil der im Leistungsfall erforderlichen finanziellen Mittel während der Aktivitätsphase des Leistungsanwärters der Ukasse zugewendet werden. Die vollständige Ausfinanzierung kann erst im Leistungsfall/ab Rentenbezug erfolgen. Damit wird die Finanzierung von der Aktivphase in die Rentenphase des einzelnen Leistungsanwärters verlagert.

Dagegen erfolgt bei der **rückgedeckten Ukasse** die Ausfinanzierung der Versorgungsleistungen bereits während der Anwartschaftsphase, so dass beim normalen Altersrentenbeginn die zugesagten Leistungen- bei planmäßiger Finanzierung- voll ausfinanziert sind (sog. Anwartschaftsdeckungsverfahren).

Von einer **kongruent-rückgedeckten Ukasse** spricht man, wenn sämtliche zugesagten Versorgungsleistungen versicherungsmäßig rückgedeckt werden. Werden nur Teile der gesamten Verpflichtungen rückgedeckt, z.B. nur das Todesfall- oder/und das Invaliditätsrisiko, nicht aber die Altersleistung oder beispielsweise nur 70% der insgesamt zugesagten Versorgungsleistungen, so spricht man von einer **partiellen Rückdeckung**.

Bei der rückgedeckten Ukasse müssen für die Leistungsanwärter gleichbleibende oder steigende Jahresbeiträge entrichtet werden, damit sie als Zuwendungen abzugsfähig sind. Nur für die Leistungsempfänger können Einmalbeiträge gezahlt werden.

Grundsätzlich ist es möglich, innerhalb einer Ukasse sowohl Zuwendungen für eine pauschaldotierte Ukasse als auch für eine rückgedeckte Ukasse vorzunehmen; allerdings darf es zu keiner Mehrfachfinanzierung der gleichen Leistungen kommen. Durch einen Barwertvergleich (gleicher Zinssatz und gleiche Rechnungsgrundlagen) zwischen der Versicherungsleistung und der Versorgungsleistung wird der maximale Umfang der Zuwendungen für die Pauschaldotierung bestimmt.

Neben den Zuwendungen des Trägerunternehmens können auch Zuwendungen von dritter Seite erfolgen, wie z. B. Erbschaften oder Schenkungen. Bei der rückgedeckten Ukasse geht es dann darum, diese Gelder so in Rückdeckungsversicherungen anzulegen, dass diese Versicherungen steuerbegünstigt sind.

## 33 Sind Zuwendungen an mehrere Ukassen möglich?

Grundsätzlich ja. Für die Ermittlung der abzugsfähigen Zuwendungen und des tatsächlichen und zulässigen Kassenvermögens sind aber alle Zuwendungen eines Trägerunternehmens als Einheit zu behandeln (Ukasse als einheitliches Steuersubjekt). Damit will der Gesetzgeber verhindern, dass durch eine Verteilung auf mehrere Ukassen die steuerlichen Begrenzungen (Zuwendungen, Höchstgrenzen für Leistungen) umgangen werden.

## 34 Können gleichzeitig Zuwendungen gemäß § 4d EStG gemacht und Pensionsrückstellungen nach § 6a EStG gebildet werden?

Eine Doppelfinanzierung gleicher Leistungen ist ausgeschlossen.

Nur dann, wenn die Ukasse andere Leistungen vorsieht als die unmittelbare Zusage des Arbeitgebers, sind sowohl Zuwendungen an die Ukasse als auch Pensionsrückstellungen möglich. Beispiel: Die Ukasse sieht nur Leistungen für die Invalidität und den Todesfall vor, der Arbeitgeber sagt Leistungen für das Alter unmittelbar zu.

## 35 Können vom Trägerunternehmen Pensionsrückstellungen gebildet werden, wenn die Ukasse nicht ausreichend dotiert ist?

Nein. Pensionsrückstellungen können steuerlich nur dann gebildet werden, wenn das Trägerunternehmen Versorgungsleistungen unmittelbar übernimmt und die Voraussetzungen des § 6a EStG für die Rückstellungsbildung gegeben sind. Bei einer unterdotierten Ukasse ist keine steuerliche Rückstellungsbildung beim Trägerunternehmen möglich.

In der Handelsbilanz ist bei Trägerunternehmen in der Rechtsform einer Kapitalgesellschaft eine Unterdeckung der Ukasse zumindest im Anhang zur Bilanz auszuweisen (Art. 28 Abs. 1 S. 2 i.V.m. Abs. 2 EGHGB). Diese Unterdeckung wird üblicherweise durch den Teilwert der Verpflichtungen gemäß § 6a EStG abzüglich des auf das Trägerunternehmen entfallende anteilige Kassenvermögen der Ukasse berechnet.

## 36 Ab welchem Zeitpunkt können Zuwendungen für die einzelnen Leistungsanwärter erfolgen?

Zuwendungen können für Leistungsanwärter gemacht werden, die am Schluss des Wirtschaftsjahres des Trägerunternehmens, in dem die Zuwendung erfolgt, das 23. Lebensjahr vollendet haben (Zusageerteilung nach dem 31.12.2017). Wurde die Zusage nach dem 31.12.2008 und vor dem 1.1.2018 erteilt, galt als Mindestalter das vollendete 27. Lebensjahr. Andere Mindestalter galten für vorhergehende Zusagetermine.

Somit können auch schon zu Beginn des Wirtschaftsjahres, an dessen Schluss das Mindestalter erreicht ist, Zuwendungen erfolgen, sprich Versicherungsbeiträge gezahlt werden.

Sofern den Leistungsanwärtern jedoch eine sofortige Unverfallbarkeit ihrer Versorgungsanwartschaften zugesagt wurde, können ab Zusagedatum sofort Zuwendungen getätigt werden.

Die Altersberechnung des vollendeten Lebensjahres erfolgt nach der bürgerlich-rechtlichen Methode (vgl. Frage 39).

### 37 Gilt die Altersbegrenzung für die Zuwendungen auch für Risikoleistungen (Tod und Invalidität)?

Nein. Risikoleistungen können unabhängig vom Alter des Leistungsanwärters sofort versichert werden. Es genügt, wenn die Risikoversicherungen auf das Endalter abgeschlossen werden, zu dem der Leistungsanwärter das 23. (bzw. vormals 27.) Lebensjahr vollendet hat, vorausgesetzt, im Anschluss daran erfolgt die Finanzierung der Altersleistung.

Zuwendungen für die (zusätzliche) Altersleistung sind jedoch erst ab dem 23. Lebensjahr (bzw. dem 27.) möglich. Eine Ausnahme hiervon gilt nur, wenn den Leistungsanwärtern eine sofortige unverfallbare Anwartschaft auf die Versorgungsleistungen zugesagt wird. In diesem Fall können auch schon vor dem 23./27. Lebensjahr Zuwendungen für die Altersleistung getätigt werden.

## V.2 Anforderungen an Rückdeckungsversicherungen

### 38 Wie ist die Vertragskonstruktion bei der Rückdeckungsversicherung?

Versicherungsnehmer der Rückdeckungsversicherung ist die Ukasse (nicht das jeweilige Trägerunternehmen); die Ukasse ist auch hinsichtlich der Leistungen bezugsberechtigt. Versicherte Person ist der begünstigte Arbeitnehmer. Beitragszahler ist ebenfalls die Ukasse, die jedoch die erforderlichen Beiträge als Zuwendungen vom jeweiligen Träger unternehmen erhält.

Der Anspruch des begünstigten Arbeitnehmers richtet sich allein gegen die Ukasse; er hat keinen Anspruch auf die Versicherungsleistung.

### 39 Nach welcher Berechnungsmethode erfolgt die Altersbestimmung für die Zuwendungen?

Man unterscheidet zwischen der bürgerlich-rechtlichen Altersbestimmung und der versicherungstechnischen Altersbestimmung.

Bürgerlich-rechtlich (zivilrechtlich) vollendet eine Person z.B. ihr 50. Lebensjahr mit Ablauf des Tages, der der 50. Wiederkehr ihres Geburtstages vorangeht. Eine am 4.7.1967 geborene Person vollendet hiernach am 3.7.2017 ihr 50. Lebensjahr. Am 31.12.2017 (angenommener Schluss des Wirtschaftsjahres) wäre sie dann immer noch 50 Jahre alt.

Bei der versicherungstechnischen Altersbestimmung wird das Alter zugrunde gelegt, das einem bestimmten Stichtag am Nächsten liegt. So haben z.B. alle Personen, die zwischen dem 1.7. eines Jahres und dem 30.6. des Folgejahres geboren sind, zum 31.12. das gleiche Alter. So ist z.B. eine am 2.3.1968 geborene Person am 31.12.2017 versicherungstechnisch 50 Jahre alt, obwohl sie bürgerlich-rechtlich erst 49 Jahre alt ist.

Für die Zuwendungen für die Altersleistung ist das vollendete 23./27. Lebensjahr, berechnet nach der bürgerlich-rechtlichen Methode, zum Schluss des Wirtschaftsjahres des Trägerunternehmens erforderlich. Da die Zuwendung aber auch schon zu Beginn des Jahres erfolgen darf, kann die Person versicherungstechnisch durchaus erst 22/26 Jahre alt sein. Vgl. aber auch Frage 94.

## 40 Gibt es Begrenzungen hinsichtlich der Höhe der Zuwendungen?

Die Abzugsfähigkeit der Zuwendungen ist beschränkt auf das zulässige Kassenvermögen. Ist das tatsächliche Kassenvermögen größer als das zulässige Kassenvermögen am Schluss des Wirtschaftsjahres, dann ist die Zuwendung für das Jahr nur insoweit steuerbegünstigt abzugsfähig, als das zulässige Kassenvermögen nicht überschritten wird.

**Beispiel:**

| | |
|---|---|
| Tatsächliches Kassenvermögen | 150.000 € |
| Zulässiges Kassenvermögen | 130.000 € |
| Zuwendungen | 30.000 € |
| Überschreiten des zulässigen Kassenvermögens um | 20.000 € |
| Abzugsfähige Zuwendung | 10.000 € |

**Anmerkung:**

Das tatsächliche und zulässige Kassenvermögen ist auch bei Gruppen-Ukassen pro Trägerunternehmen zu bestimmen, um hieraus die Höhe der abzugsfähigen Zuwendungen pro Trägerunternehmen zu ermitteln.

## 41 Welche Voraussetzungen werden an die Rückdeckungsversicherung gestellt?

Die Versicherung muss auf den Zeitpunkt abgeschlossen werden, für den erstmals Leistungen für das Alter vorgesehen sind, mindestens jedoch bis zu dem Zeitpunkt, zu dem der Leistungsanwärter das 55. Lebensjahr vollendet hat. Dieses Mindestalter von 55 Jahren ist allerdings nur für wenige Ausnahmeberufe, wie z.B. Piloten, möglich.

Sieht eine Versorgungsregelung als normales Pensionierungsalter das 67. Lebensjahr vor und räumt einen vorzeitigen Rentenbeginn ab dem Alter von 63 Jahren ein, so kann die Rückdeckung durchaus auf das Alter von 63 Jahren abgestellt werden. Für die Praxis stellt sich dann die Frage, inwieweit der Versicherer tariflich in der Lage ist, das Finanzierungsendalter hinauszuschieben, wenn der Leistungsanwärter über das 63. Lebensjahr hinaus arbeitet und zusätzliche Versorgungsbausteine erdienen kann. Eine Verlängerung der Versicherungsdauer ist nicht steuerschädlich.

Außerdem müssen jährlich laufende Beiträge entrichtet werden, d.h., während der gesamten Dauer der Versicherung müssen jährlich Beiträge gezahlt werden. Eine abgekürzte Beitragszahlung ist nicht zulässig.

Laufende Einmalbeiträge (eine Folge von Versicherungen gegen Einmalbeitrag) sind „ausnahmsweise" nur unter bestimmten Voraussetzungen (vgl. BMF-Schreiben vom 31.1.2002) bei Bausteinzusagen möglich, nämlich nur dann, wenn eine (mittelbare) Verpflichtung besteht, die Beiträge bis zum Eintritt des Versorgungsfalles mittels gleichbleibender oder steigender laufender Einmalbeiträge zu zahlen, um die im Versorgungsfall garantierte Versorgungsleistung auszufinanzieren. Da der Begriff „mittelbare Verpflichtung" im BMF-Schreiben jedoch nicht präzisiert wurde, sollte in Fällen mit laufenden Einmalbeiträgen vorab eine Abstimmung mit dem zuständigen Betriebsstättenfinanzamt erfolgen, um den Sachverhalt zu klären.

Weiterhin müssen grundsätzlich auch bei laufenden Einmalbeiträgen jährlich gleichbleibende oder steigende Versicherungsbeiträge gezahlt werden.

**Anmerkung:**

Von Bausteinzusagen spricht man, wenn mit jedem (Einmal-)Beitrag, der geleistet wird, eine bestimmte Leistung ausfinanziert wird. Mit steigendem Alter werden bei gleichem (Einmal-)Beitrag immer geringere zusätzliche Leistungen finanziert. Im Leistungsfall werden nur die Leistungen erbracht, die bis zu diesem Zeitpunkt aus finanziert wurden. Bausteinzusagen erbringen somit zu Beginn geringe Leistungen, die erst im Zeitablauf anwachsen.

„Normale" Einmalbeiträge können nur für Leistungsempfänger (zur Ausfinanzierung von Deckungslücken bzw. für Neuzusagen) geleistet werden.

## 42 Was ist eine steuerschädliche Versicherung und welche Auswirkungen hat sie?

Eine steuerschädliche Versicherung ist eine Versicherung, die gegen die Vorschriften des § 4d Abs. 1 S. 1 Nr. 1 Buchst. c EStG verstößt (z.B. keine laufenden Beiträge).

Liegt eine steuerschädliche Versicherung vor, dann sind die Versicherungsbeiträge nicht als Betriebsausgaben abzugsfähig; stattdessen ist nur ein Abzug für die Pauschaldotierung möglich.

Das Deckungskapital der steuerschädlichen Rückdeckungsversicherung gehört zum tatsächlichen Kassenvermögen, als zulässiges Kassenvermögen gilt jedoch nur die zweifache Jahresrente (vgl. Frage 67).

## 43 Wie hoch muss der Mindesttodesfallschutz der Rückdeckungsversicherung sein, damit die Versicherung steuerbegünstigt ist?

Bei Kapitalversicherungen reichen 10 % der (garantierten) Erlebensfallsumme als Todesfallschutz aus. Bei Rentenversicherungen genügt die Beitragsrückgewähr im Todesfall.

## 44 Können auch fondsgebundene Versicherungen zur Finanzierung herangezogen werden?

Bei einer fondsgebundenen Versicherung wird ein Teil der Prämie dazu benutzt, eine (garantierte) Todesfallleistung zu finanzieren. Der zur Finanzierung der Todesfallleistung nicht benötigte Teil der Prämie wird ganz oder anteilig in Fonds investiert, die i.d.R. keine Mindestleistungen für den Erlebensfall garantieren. Die Höhe der Erlebensfallleistung hängt somit von der Entwicklung des Fonds ab. Sofern die fondsgebundene Versicherung jedoch auch für den Erlebensfall eine Mindestleistung (garantierte Versicherungsleistung) garantiert, gilt sie als steuer begünstigt i.S.d. § 4d EStG (BMF-Schreiben vom 11.12.1998).

Zu jedem Bilanzstichtag des Trägerunternehmens ist zu prüfen, ob die in Aussicht gestellten Versorgungsleistungen der Ukasse höher sind als die garantierten Versicherungsleistungen aus der Fondspolice. Wenn dies der Fall ist, dann liegt nur eine partiell rückgedeckte Ukasse vor. Neben dem Beitrag für die Fondspolice kann noch eine zusätzliche Pauschaldotierung vorgenommen werden.

Liegt das Fondsvermögen (=tatsächliches Kassenvermögen) über dem Deckungskapital der in Aussicht gestellten Versorgungsleistungen (=zulässiges Kassenvermögen), dann ist nur ein Teil der Zuwendungen steuerlich abzugsfähig.

Mit BMF-Schreiben vom 31.8.2022 ist festgelegt, dass der Betriebsausgabenabzug für Beiträge zu Rückdeckungsversicherungen auf Fondsbasis bei einer Unterstützungskassenzusage anzuerkennen ist, wenn die Rückdeckungsversicherung auch eine garantierte Mindestleistung vorsieht, die u.a. immer dann zu gewähren ist, wenn die

Fondsanlage die Finanzierung der Garantieleistung nicht ermöglicht. Gemäß BMF-Schreiben ist der gesamte Versicherungsbeitrag zur Rückdeckung Betriebsausgabe des Trägerunternehmens.

Bei der beitragsorientierten Leistungszusage mit fondsgebundener Rückdeckung erhält der Arbeitnehmer genau die Leistung, die bei planmäßiger Beitragszahlung aus der Rückdeckung resultiert. Die vorhandenen Fondswerte werden ausschließlich zur Erhöhung der Leistung für den Begünstigten verwendet.

Weiterhin können das tatsächliche und das zulässige Kassenvermögen gleichhoch angesetzt werden.

## V.3 Herabsetzung laufender Beiträge

### 45 Ist eine Reduktion laufender Jahresbeiträge steuerunschädlich möglich?

Bedingt ja.

Sinkt bei einer Leistungs- oder Beitragsformel, die von der Beitragsbemessungsgrenze in der gesetzlichen Rentenversicherung abhängig ist, der Beitrag aufgrund einer (gesetzlich vorgegebenen) Änderung der Beitragsbemessungsgrundlage, dann ist die Reduktion des Beitrages steuerunschädlich.

Ebenfalls unschädlich sind sinkende Beiträge aufgrund des Statuswechsels eines Leistungsanwärters (z.B. von Vollzeit auf Teilzeit). Dies gilt ebenfalls bei einer Änderung der Versorgungszusage und einer Reduzierung der Versorgungsansprüche, die aufgrund einer Verschlechterung der wirtschaftlichen Lage des Trägerunternehmens zu einer Verminderung der zugesagten Leistungen und damit zu einer Beitragsreduktion führen (BMF-Schreiben vom 31.1.2002). Nach der Beitragsherabsetzung sind für die Folgejahre mindestens konstante Beiträge zu entrichten.

Sinkende Beiträge aufgrund variabler Gehaltsbestandteile (wie z.B. Urlaubs- oder Weihnachtsgeld, Leistungszulagen, Erfolgsbeteiligungen, umsatzabhängige Zahlungen etc.) sind dagegen steuerschädlich (einseitige Entscheidung des Arbeitgebers zur Reduktion der Sonderzahlungen). Deshalb gehören diese Gehaltsbestandteile nicht zur Leistungs oder Beitragsfestsetzung eines Leistungsplanes.

Scheidet ein Mitarbeiter mit gesetzlich oder vertraglich unverfallbaren Versorgungsanwartschaften aus dem Trägerunternehmen aus und ist sein aufrechtzuerhaltender Versorgungsanspruch noch nicht ausfinanziert, dann kann das Trägerunternehmen zur Finanzierung der Deckungslücke jährlich gleichbleibende, reduzierte Prämien an den Versicherer entrichten. Dies beeinträchtigt nicht die Versicherung als begünstigte Versicherung.

Eine Unterbrechung oder Einstellung der Prämienzahlung ändert auch nicht den Betriebsausgabenabzug. Wird die Beitragszahlung später wieder aufgenommen und ist sie nicht niedriger als vor der Unterbrechung, so gilt ab diesem Zeitpunkt weiterhin der Betriebsausgabenabzug.

Allerdings führt eine spätere Nachzahlung für die unterbrochene Beitragseinstellung in Form eines Einmalbeitrages nicht zu einer begünstigten Versicherung, d.h., das Deckungskapital der Versicherung aus dem Einmalbeitrag gehört zwar zum tatsächlichen, nicht aber zum zulässigen Kassenvermögen.

## 46 Kann der Beitrag für eine Entgeltumwandlung steuerunschädlich reduziert werden?

Die Entgeltumwandlung beruht auf einer Vereinbarung zwischen Arbeitnehmer und Arbeitgeber. Sofern der Arbeitnehmer den Antrag stellt, seine zukünftigen Beiträge für eine Entgeltumwandlung zu reduzieren, bleibt die Versicherung steuerunschädlich.

Geht dagegen die Reduzierung auf eine einseitige Arbeitgeber-Entscheidung zurück, dann wird die Versicherung steuerschädlich.

## 47 Kann das Gewinnguthaben aus der Rückdeckungsversicherung steuerunschädlich mit den Versicherungsprämien verrechnet werden?

Ja, eine Verrechnung des Gewinnguthabens mit der Versicherungsprämie verstößt nicht gegen die Forderung gleichbleibender und steigender Jahresprämien, auch wenn dadurch der absolute Zahlbetrag sinkt.

Auch ist es möglich, frei werdende Deckungsmittel aus einer Rückdeckungsversicherung (Leistungsanwärter scheidet ohne unverfallbare Anwartschaften aus dem Trägerunternehmen aus) mit den zu zahlenden Jahresbeiträgen für die übrigen Leistungsanwärter zu verrechnen.

## 48 Sind Beiträge für Waisenrenten und temporäre Invalidenrenten in voller Höhe als Zuwendungen abzugsfähig?

In den Fällen, in denen die Ukasse lebenslänglich laufende Leistungen (Altersrenten) und nicht lebenslänglich laufende Leistungen (temporäre Berufsunfähigkeits- und Waisenrenten) gewährt und hierfür eine Rückdeckungsversicherung abschließt, hat sie einen einheitlichen Beitrag an den Versicherer zu zahlen, der sich rechnerisch aus zwei Teilbeträgen zusammensetzt. Rein formal gilt der Beitragsanteil für die temporären Leistungen nicht als abzugsfähige Versicherungsprämie.

Die Finanzbehörde beanstandet es aus Billigkeitsgründen jedoch nicht, den Gesamtbeitrag als zulässige Zuwendung für die Rückdeckung abzusetzen (BMF-Schreiben vom 21.4.1998).

### 49 Was geschieht mit einer Todesfallleistung aus der Rückdeckungsversicherung, wenn bei Tod eines Leistungsanwärters keine steuerlich begünstigten Hinterbliebenen vorhanden sind?

Sofern beim Tod eines Leistungsanwärters keine steuerlich begünstigten Hinterbliebenen im engeren Sinne (siehe Frage 28) vorhanden sind, darf die fällig werdende Leistung aus der Rückdeckungsversicherung wegen der steuerlichen Vermögensbindung der Ukasse nicht unmittelbar an das Trägerunternehmen ausgezahlt werden. Der Betrag verbleibt aber auch nicht auf ewig bei der Ukasse oder verfällt, sondern er kann mit zukünftigen Beiträgen zu den Rückdeckungsversicherungen anderer Leistungsanwärter verrechnet werden.

Es kann auch ein Sterbegeld bis zur maximal zulässigen Höhe von 7.669 € an Angehörige ausgezahlt werden.

## V.4 Aktivierung, Abtretung, Verpfändung etc.

### 50 Müssen die Rückdeckungsversicherungen beim Trägerunternehmen aktiviert werden?

Nein; da nicht das Trägerunternehmen, sondern die Ukasse hinsichtlich der Leistungen begünstigt ist, entfällt eine Aktivierung beim Trägerunternehmen.

### 51 Darf die Ukasse die Rückdeckungsversicherungen abtreten oder beleihen?

Um die jederzeitige Erfüllbarkeit der Leistungen sicherzustellen, dürfen die Ansprüche aus den Rückdeckungsversicherungen nicht abgetreten oder beliehen werden; andernfalls werden die Versicherungen zu steuerschädlichen Versicherungen.

### 52 Können die Rückdeckungsversicherungen an die Begünstigten verpfändet werden?

Ja, dies ist ohne Einschränkung möglich und wird häufig bei Entgeltumwandlungen gemacht (doppelter Insolvenzschutz) bzw. bei Personen, die nicht unter den gesetzlichen Insolvenzschutz fallen (wie z.B. beherrschende Gesellschafter-Geschäftsführer von GmbHs).

Durch die Verpfändung werden die Rückdeckungsversicherungen auch nicht zu Direktversicherungen (BMF-Schreiben vom 7.9.1998).

Zu den Auswirkungen im Insolvenzfall siehe Frage 96.

### 53 Wie sicher sind rückgedeckte Versicherungsverträge?

Der Vermögensaufbau bei der rückgedeckten Ukasse erfolgt durch Beitragszahlungen an einen Versicherer. Der Versicherer wiederum ist bezüglich der Kapitalanlage gezwungen, gesetzliche Vorgaben in seiner Anlagepolitik (vgl. VAG) einzuhalten, damit das Geld langfristig sicher ist. Sollte ein Versicherer dennoch in Zahlungsschwierigkeiten kommen, gibt es eine von den Versicherern gegründete und finanzierte Sicherungseinrichtung namens Protektor.

Protektor ist ein Unternehmen zum Schutz der Versicherten. Protektor schützt Versicherte vor den Folgen der Insolvenz eines Lebensversicherers: Verträge werden fortgeführt; die Leistungen für die Altersvorsorge und der Risikoschutz bleiben erhalten, ebenso die bereits gewährten Gewinnbeteiligungen.

Damit dürfte eine hohe Sicherheit der angesparten Vermögenswerte gegeben sein.

## V.5 Zuwendungen für Abfindungen etc.

### 54 Sind Abfindungszahlungen als Zuwendungen abzugsfähig?

Sofern die Ukasse einem Leistungsanwärter vor Eintritt eines Versorgungsfalles (z.B. bei Ausscheiden aus dem Unternehmen, bei Umstrukturierungen etc.) eine Abfindung für die zukünftigen Versorgungsleistungen zahlt – vorausgesetzt, eine Abfindung der Versorgungsansprüche ist gemäß § 3 BetrAVG möglich –, ist die Zuwendung zur Finanzierung der Abfindung bzw. der Finanzierungslücke als Betriebsausgabe abzugsfähig (§ 4d Abs. 1 Nr. 1 Buchst. d).

Das Gleiche gilt, wenn die Versorgungszusage von einem anderen Versorgungsträger (Direktversicherung, Pensionskasse, Pensionsfonds) übernommen wird oder auf einen anderen Arbeitgeber übertragen wird (Übertragungswert gemäß § 4 Abs. 2 BetrAVG).

Die Abfindung kann auch durch Mitgabe der Versicherung (Übertragung der Versicherungsnehmerstellung auf den Leistungsanwärter) erfolgen. Der Abfindungsbetrag unter liegt dann beim Leistungsanwärter der Besteuerung gemäß § 19 Abs. 2 S. 2 EStG (Anwendung der Fünftelungsregelung nach § 34 Abs. 1 EStG) und der Sozialversicherungspflicht.

### 55 Welche Auswirkungen hat die Portabilität von Versorgungszusagen bei Ukassen?

Das AVmG hat die Übertragungsmöglichkeiten von Versorgungszusagen für alle Durchführungswege erweitert. Hiernach kann eine Zusage von einem neuen Arbeitgeber unverändert übernommen und von ihm weitergeführt werden. Alternativ kann aber auch der Wert der unverfallbaren Anwartschaft der Zusage (Übertragungswert) auf den neuen Arbeitgeber übertragen werden. Aus diesem Übertragungswert wird dann eine neue wert gleiche Zusage erteilt, die aber i.d.R. von der ursprünglichen Zusage abweichen wird.

Die Übertragung des Vermögenswertes von einer Ukasse auf einen neuen Arbeitgeber verstößt nicht gegen die Zweckbindung des Kassenvermögens.

Die Satzung einer Ukasse muss die Übertragung des segmentierten Kassenvermögens auf eine andere Versorgungseinrichtung zulassen, wenn das Trägerunternehmen die Mitgliedschaft aus wichtigem Grund beendet. Soweit dies nicht gewährleistet ist, kommt lediglich eine ergänzende Auslegung der Satzung, bezogen auf die Fallgestaltung, in Betracht.

Es liegt kein Verstoß gegen das Vermögensbindungsverbot vor, wenn eine steuerfreie Gruppen-Ukasse einer anderen, ebenfalls steuerfreien Ukasse unmittelbar die auf das Trägerunternehmen entfallenden Vermögenswerte überträgt (BMF Schreiben vom 18.2.2020).

### a) Übernahme der Zusage

Am einfachsten ist der Fall, wenn der neue Arbeitgeber der Gruppen-Ukasse des alten Arbeitgebers beitritt, die bestehende Zusage unverändert übernimmt und die Prämienzahlung fortsetzt. Hierbei ergeben sich keinerlei steuerliche Auswirkungen; es wird nur der Beitragszahler für die Zuwendungen ersetzt.

Tritt der neue Arbeitgeber einer anderen Gruppen-Ukasse bei, ohne den Versicherer zu wechseln, und setzt die Beitragszahlung fort, dann ist dies ebenfalls steuerunschädlich. Wechselt er jedoch den Versicherer, dann führt dies zu einer steuerschädlichen Versicherung.

### b) Übertragungswert

Schließt die neue Ukasse für den Mitarbeiter eine neue Rückdeckungsversicherung ab und zahlt den übertragenen Vermögenswert als Einmalbeitrag ein, dann ist diese Rückdeckungsversicherung steuerschädlich i.S.d. § 4d Abs. 1 S. 1 Nr. 1 Buchst. c EStG (Einmalbeitrag, kein laufender Beitrag).

Vgl. hierzu die Verfügung der OFD Hannover vom 10.2.2006.

Für den Arbeitnehmer ist die Übertragung von einer Ukasse auf eine andere Ukasse gemäß § 3 Nr. 55 Satz 3 EStG steuerfrei.

## 56 Wann erfolgt der Betriebsausgabenabzug der Zuwendungen beim Trägerunternehmen?

Der Betriebsausgabenabzug erfolgt zum Zeitpunkt des Abflusses, in dem die Zuwendung getätigt wird. Es wird das Wirtschaftsjahr des Trägerunternehmens, nicht das der Ukasse zugrunde gelegt.

§ 4d EStG sieht als Liquiditätshilfe auch vor, dass Zuwendungen, die bis zum Ablauf eines Monats nach Aufstellung oder Feststellung der Bilanz des Trägerunternehmens geleistet werden, für das abgelaufene Wirtschaftsjahr durch eine Rückstellung gewinnmindernd berücksichtigt werden können.

## 57 Wie erfolgt die Finanzierung der Verwaltungsgebühren für die Ukasse?

Bei der Verwaltung einer rückgedeckten Ukasse fallen zusätzliche Arbeiten an (siehe Frage 98), die üblicherweise nicht mit den Prämien für die Rückdeckungsversicherungen abgedeckt sind. Ist bei einer Gruppen-Ukasse der Versicherer gleichzeitig auch der Verwalter der Ukasse, dann gibt es unterschiedliche Gebührenmodelle auf dem Markt. Diese reichen von „keine Gebühr" bis zu „zusätzliche Gebühr".

Erfolgt die Verwaltung der Ukasse durch einen Dritten (Verwaltungsgesellschaft), fallen i.d.R. zusätzliche Verwaltungsgebühren an.

Übernimmt das Trägerunternehmen im Rahmen einer Geschäftsbesorgung die Verwaltung oder ersetzt das Trägerunternehmen der Ukasse die anfallenden Kosten (bei der Ukasse anfallend oder für einen Dritten), dann ist dieser Aufwand als Betriebsausgabe beim Trägerunternehmen absetzbar und gilt nicht als Zuwendung.

Zahlt das Trägerunternehmen jedoch einen höheren Betrag als die tatsächlich erforderlichen Verwaltungskosten, dann liegt in dem übersteigenden Betrag eine Zuwendung gemäß § 4d EStG vor (BMF-Schreiben vom 28.11.1996).

Finanziert die Ukasse die Kosten für die Verwaltung selbst (aus den Erträgen), dann kann das Trägerunternehmen hierfür keinen Betriebsausgabenabzug geltend machen. Die Kostenbelastung bei der Ukasse ist keine schädliche Vermögensverwendung, es sei denn, der Aufwand ist unangemessen.

Gemäß BMF-Schreiben vom 18.12.1997 sind die Verwaltungsgebühren umsatzsteuerfrei, und zwar unabhängig davon, ob sie von der Ukasse oder vom Trägerunternehmen entrichtet werden.

Auch die Beiträge an den Pensions-Sicherungs-Verein fallen nicht unter die Zuwendungen des § 4d EStG. Diese Aufwendungen sind zusätzlich als Betriebsausgaben absetzbar.

# VI Steuerliche Behandlung der Unterstützungskasse

## VI.1 Voraussetzungen für die Steuerfreiheit

### 58 Wie sieht es mit der Besteuerung der Ukasse aus?

Juristische Personen des privaten Rechts unterliegen der Körperschaftsteuer (§ 1 KStG). Ukassen sind aber steuerbefreit, sofern sie die einschlägigen körperschaftsteuerlichen Bestimmungen erfüllen und nicht überdotiert sind (§ 5 Abs. 1 Nr. 3 KStG).

Steuerbefreiung bedeutet bei einer rückgedeckten Ukasse, dass die auszuzahlenden Deckungsmittel der Rückdeckungsversicherungen, auch bei einer vorzeitigen Auflösung eines einzelnen Versicherungsverhältnisses, der Ukasse ungekürzt ausgezahlt werden; es wird keine Kapitalertragsteuer einbehalten.

Ebenfalls werden Zinserträge auf Bankkonten nicht besteuert.

Insofern ist es wichtig, dass die Ukasse dem Versicherer und der Bank einen Nachweis des Betriebsstättenfinanzamtes über die Steuerbefreiung vorlegt.

### 59 Welche Voraussetzungen müssen für die Steuerfreiheit einer Ukasse erfüllt sein?

Die Voraussetzungen für die Steuerbefreiung einer Ukasse sind in § 5 Abs. 1 Nr. 3 KStG und in den §§ 1 bis 3 KStDV beschrieben. Die Voraussetzungen lauten:

- Beschränkung der Leistungen auf Zugehörige oder frühere Zugehörige der Ukasse;
- Ukasse als soziale Einrichtung;
- ausschließliche und unmittelbare Verwendung des Vermögens und der Einkünfte der Ukasse nur für die Zwecke der Ukasse;
- kein Überschreiten der Höchstgrenzen für die Leistungen;
- bei Auflösung der Ukasse Verwendung des Kassenvermögens nur für Leistungsanwärter und -empfänger oder ausschließlich für gemeinnützige oder mildtätige Zwecke;
- Mitarbeiter dürfen nicht zu Beiträgen an die Ukasse verpflichtet werden (freiwillig dürfen sie dies aber tun);
- keine Überdotierung der Ukasse.

Diese Voraussetzungen müssen jeweils am Ende des Veranlagungszeitraumes der Ukasse, für den die Steuerbefreiung gelten soll, erfüllt sein; innerhalb eines Veranlagungszeitraumes können durchaus einige Voraussetzungen verletzt sein, ohne dass dies eine Steuerpflicht auslöst.

Der Verlust der Steuerfreiheit der Ukasse führt zur Besteuerung aller Erträge der Kasse.

## 60 Wann liegt keine soziale Einrichtung vor?

Eine soziale Einrichtung liegt z.B. dann nicht vor, wenn Leistungsempfänger der Ukasse auch Unternehmer sind und die Leistungen der Ukasse an die Unternehmer unverhältnismäßig hoch sind bzw. die Mehrzahl der Leistungsempfänger Unternehmer und deren Angehörige sind.

## 61 Gibt es Höchstgrenzen bezüglich der Beiträge oder Leistungen?

Eine (steuerbegünstigte) Höchstgrenze für Beiträge wie bei der Direktversicherung, Pensionskasse oder dem Pensionsfonds gibt es nicht.

Damit die Ukasse als soziale Einrichtung steuerbefreit ist, dürfen aber bestimmte Höchstbeträge für die Leistungen pro Leistungsanwärter bzw. Leistungsempfänger nicht über schritten werden (§ 2 KStDV).

Die Höchstbeträge lauten wie folgt:

- als Pension (Alters- und Invalidenrente): 25.769 € p.a.;
- als Witwen-/Witwergeld: 17.179 € p.a.;
- als Waisengeld: 5.154 € p.a. für jede Halbwaise, 10.308 € p.a. für jede Vollwaise;
- als Sterbegeld: 7.669 €.

Diese Höchstbeträge dürfen für „größere" Bestände, mit Ausnahme des Sterbegeldes, wie folgt überschritten werden:

In 12 % aller Fälle dürfen die Leistungen bis zu

- als Pension: 38.654 € p.a.;
- als Witwen-/Witwergeld: 25.769 € p.a.;
- als Waisengeld: 7.731 € p.a. für jede Halbwaise, 15.461 € p.a. für jede Vollwaise betragen.

In 4 % aller Fälle dürfen unbeschränkte Leistungen zugesagt werden.

Obige Höchstbeträge gelten für die bereits laufenden Leistungen sowie die zum Schluss eines jeden Wirtschaftsjahres in Aussicht gestellte Höhe der Versorgungsanwartschaft.

Damit die Ukasse steuerbefreit ist, müssen obige Höchstgrenzen für jede einzelne Leistungsart (Altersrente, Invalidenrente, Witwen-/Witwer- und Waisenrente) eingehalten werden.

Da die Ukasse körperschaftsteuerrechtlich als ein einheitliches Steuersubjekt anzusehen ist, gelten die genannten Höchstgrenzen für die gesamte Ukasse. Damit können z.B. in einer Gruppen-Ukasse einzelnen Gesellschafter-Geschäftsführern (fast) unbegrenzte Leistungen zugesagt werden, falls die Ukasse eine entsprechend große Anzahl von Begünstigten hat.

**Hinweis:**

Es sind jedoch für GGF arbeits- und steuerrechtliche Höchstgrenzen zu beachten, z.B. 75 o/o der Bezüge. Weiterhin gelten auch für die Ukasse für Gesellschafter-Geschäftsführer die gleichen Erdienbarkeitsvoraussetzungen wie z.B. bei Direktzusagen. Man spricht in diesen Fällen von einer nichtsegmentierten Ukasse.

Satzungsgemäß kann aber auch vorgesehen werden, dass die oben genannten Höchst grenzen pro Trägerunternehmen einzuhalten sind (segmentierte Ukasse). Hier stellt sich dann in dem Jahr ein Handlungsbedarf ein, in dem die garantierte Versicherungsleistung zuzüglich aufgelaufener Gewinnanteile an die Höchstgrenzen heranreicht. Ab diesem Zeitpunkt muss die Gewinnverwendung der Rückdeckungsversicherung für die Zukunft auf Beitragsverrechnung umgestellt werden (ggf. Änderung im Leistungsplan erforderlich).

## 62 Welche Höchstgrenzen gibt es für Kapitalleistungen?

Werden Kapitalleistungen zugesagt, dann sollen die Leistungsanwärter und Leistungsempfänger nicht mehr erhalten, als wenn eine laufende Rente gezahlt würde.

Für Kapitalleistungen gelten deshalb ebenfalls die in § 2 KStDV genannten Höchst grenzen, wobei für die Kapitalisierung ein Rechnungszins von 5,5 % und die steuerlich anerkannten Regeln der Versicherungsmathematik anzuwenden sind. Als Rechnungsgrundlagen werden derzeit die Richttafeln 2018G der Heubeck-Richttafeln-GmbH herangezogen. Abhängig vom Alter bei Kapitalauszahlung, dem Geburtsjahr und dem Geschlecht ergeben sich unterschiedlich hohe Altersrentenbarwerte, Anwartschaftsbarwerte für Hinterbliebene und Hinterbliebenenbarwerte.

Für die Kapitalisierung im Erlebensfall kann neben dem reinen Altersrentenbarwert eine Anwartschaft auf Witwen-/Witwerrente in Höhe von bis zu 66 2/3 o/o der Altersrente eingerechnet werden.

**Anmerkung 1:**

Bei Tod vor Altersrentenbeginn kann – je nach Gestaltung des Versicherungstarifs – das Todesfallkapital höher sein als der Witwen-/Witwerrentenbarwert der maximal zulässigen Witwen-/Witwerrente. Zahlt die Kasse das zu hohe Todesfallkapital aus, würde sie wegen Überschreitens der Höchstgrenzen gegen den sozialen Zweck verstoßen mit der Folge der Besteuerung der Ukasse. Um dies zu vermeiden, sollte sie nur das höchstzulässige Todesfallkapital auszahlen. Der Differenzbetrag kann aber u.U. eine Überdotierung der Ukasse bewirken, mit der Folge einer partiellen Steuerpflicht. Es empfiehlt sich deshalb, den Todesfallschutz geringer als die Erlebensfallleistung anzusetzen. Eine Überprüfung der Todesfallleistung vor dem Leistungsfall auf die Maximalhöhe ist nicht erforderlich.

Bei einer Gruppen-Ukasse, die als Gesamtheit die Höchstgrenzen einhalten muss, um nicht steuerpflichtig zu sein, ist die Höhe des Todesfallkapitals eigentlich irrelevant. Vgl. hierzu aber auch Frage 75.

**Anmerkung 2:**

Zuwendungen für Kapitalleistungen sind nur dann voll als Betriebsausgaben abzugsfähig, wenn 10 o/o der garantierten Kapitalleistung die Höchstbeträge nicht übersteigt.

## VI.2 Partielle und volle Steuerpflicht

### 63 Wann wird eine Ukasse partiell steuerpflichtig?

Eine Ukasse wird u.a. dann partiell steuerpflichtig, wenn sie überdotiert ist. Überdotiert ist eine Ukasse, wenn am Ende des Wirtschaftsjahres der Kasse das tatsächliche Kassenvermögen das zulässige Kassenvermögen um mehr als 25 o/o übersteigt. Steuerpflichtig werden dann die Erträge aus dem 125% des zulässigen Kassenvermögens übersteigenden Teil.

Auf diese Erträge ist dann Körperschaftsteuer zu entrichten. Sofern die Ukasse eine GmbH ist, fällt zusätzlich Gewerbesteuer an.

**Beispiel:**

| | |
|---|---|
| Zulässiges Kassenvermögen (100 o/o) | 100.000 € |
| Tatsächliches Kassenvermögen | 150.000 € |
| Überdotiert: 150.000 - 100.000 x 1 ,25 = | 25.000 € |
| Erträge der Ukasse | 10.000 € |
| Partiell steuerpflichtige Erträge | |
| 10.000 X 25.000 : 150.000 = | 1.667 € |

Die partielle Steuerpflicht erfolgt nur in den Wirtschaftsjahren, in denen die Ukasse überdotiert ist.

### 64 Zu welchem Zeitpunkt tritt eine volle Steuerpflicht der Ukasse ein?

Eine Ukasse wird voll steuerpflichtig, wenn sie gegen eine der in § 5 Abs. 1 Nr. 3 Buchst. a bis c KStG aufgeführten Bestimmungen verstößt (Beschränkung des Kreises der Leistungsberechtigten, Beschränkung der Höhe der Leistungen, soziale Einrichtung, Sicherung des Kassenvermögens für Zwecke der Kasse).

Daneben wird eine Ukasse auch dann voll steuerpflichtig, wenn sie sich als Unternehmer oder Mitunternehmer eines Gewerbebetriebs betätigt. So darf z. B. die Verwaltung des Kassenvermögens nicht zum Hauptzweck der Ukasse werden. Dies dürfte bei einer rückgedeckten Ukasse aber regelmäßig ausgeschlossen sein.

Eine volle Steuerpflicht der Ukasse tritt mit Beginn des Veranlagungszeitraumes ein, an dessen Schluss ein Verstoß gegen die Bedingungen für die Steuerfreiheit vorliegt.

Die Steuerpflicht betrifft dann auch nur diesen Veranlagungszeitraum. Eine rückwirkende Steuerpflicht dürfte nur in den Fällen erfolgen, in denen gegen die Bindung bzw. Verwendung des Kassenvermögens verstoßen wurde.

Wurden dagegen unbeabsichtigt einzelne Zahlungen getätigt, die gegen den Satzungszweck verstoßen, so sollte dies jedoch nicht zu einer rückwirkenden Steuerpflicht führen, sondern nur in dem betreffenden Jahr geahndet werden.

## 65 Was ist Bemessungsgrundlage für die Besteuerung einer steuerpflichtigen Ukasse?

Für die Steuerpflicht ist eine Gruppen-Ukasse als Einheit zu bewerten. Das tatsächliche und zulässige Kassenvermögen ergibt sich durch Summation des tatsächlichen und zulässigen Kassenvermögens aller Trägerunternehmen.

Bemessungsgrundlage für die Besteuerung sind die Einkünfte der Ukasse. Für die Einkünfteermittlung muss man zwischen dem eingetragenen Verein, einer Stiftung und einer GmbH unterscheiden.

Da der eingetragene Verein und die Stiftung nicht buchführungs- und bilanzpflichtig sind, ermittelt sich ihr Gewinn als Überschuss der Betriebseinnahmen über die Betriebsausgaben (§ 4 Abs. 3 EStG). Speziell bei der rückgedeckten Ukasse sind Einkünfte die Gewinnanteile aus den Rückdeckungsversicherungen (nur bei verzinslicher Ansammlung und Beitragsverrechnung) sowie die ausgezahlten Leistungen des Versicherers an die Kasse. Bei den Einkünften aus Kapitalvermögen (Gewinnanteile) ist neben den Werbungskosten (in nachgewiesener Höhe oder als Pauschbetrag; § 9a S. 1 Nr. 1 Buchst. b EStG) der Sparerfreibetrag in Höhe von 1.000 € (§ 20 Abs. 4 EStG) seit 2023 abzugsfähig.

Nicht zu den Einkünften i.S.d. § 2 EStG gehören Zuwendungen des Trägerunternehmens an die Ukasse- damit gehören die Beiträge der Ukasse an den Versicherer auch nicht zu den Betriebsausgaben. Die Leistungen an die Leistungsempfänger der Ukasse sind keine abzugsfähigen Aufwendungen i.S.d. § 10 Nr. 1 KStG. Vermögensübertragungen der Ukasse an das Trägerunternehmen sind bei der Einkünfteermittlung ebenfalls nicht absetzbar.

Ukassen in der Rechtsform einer GmbH sind buchführungs- und bilanzierungspflichtig. Als Gewinn der GmbH gilt der bilanzmäßige Gewinn gemäß § 4 Abs. 1 EStG, wobei die Leistungen der Ukasse an die Leistungsempfänger keine abzugsfähigen Aufwendungen sind.

Zuwendungen des Trägerunternehmens an die Ukassen-GmbH sind gesellschaftsrechtliche Einlagen, wenn das Trägerunternehmen Gesellschafter der Ukassen-GmbH ist (was i.d.R. der Fall ist).

## VI.3 Tatsächliches und zulässiges Kassenvermögen

### 66 Woraus besteht das tatsächliche Kassenvermögen einer rückgedeckten Ukasse?

Das tatsächliche Kassenvermögen einer rückgedeckten Ukasse zum Ende des Wirtschaftsjahres der Ukasse besteht aus dem Wert des geschäftsplanmäßigen Deckungskapitals bzw. dem Zeitwert der abgeschlossenen Rückdeckungsversicherungen zuzüglich der Guthaben aus Beitragsrückerstattung und den sonstigen vorhandenen Vermögenswerten.

Bei der Ermittlung des tatsächlichen Kassenvermögens erfolgt keine Unterscheidung zwischen zuwendungsfähigen und nicht zuwendungsfähigen (schädlichen) Rückdeckungsversicherungen, alle Deckungsmittel der Versicherungen werden einbezogen.

Der Zeitwert der Rückdeckungsversicherung ist der nach anerkannten Regeln der Versicherungsmathematik errechnete Rückkaufswert gemäß § 176 Abs. 3 WG.

Guthaben aus Beitragsrückerstattungen entstehen, wenn die Überschüsse aus den Rückdeckungsversicherungen nicht zur Verrechnung mit den laufenden Beiträgen oder zur Erhöhung der Versicherungsleistung verwendet werden. Wird als Gewinnverwendung die verzinsliche Ansammlung gewählt, dann liegen Guthaben aus Beitragsrückerstattungen vor.

Sonstige Vermögenswerte sind z.B. aufgelöste Rückdeckungsversicherungen, die noch nicht vollständig mit laufenden Beiträgen verrechnet wurden.

### 67 Was ist das zulässige Kassenvermögen der Ukasse?

Soweit es sich um zuwendungsfähige Rückdeckungsversicherungen handelt, besteht das zulässige Kassenvermögen einer rückgedeckten Ukasse aus dem Wert des geschäftsplanmäßigen Deckungskapitals bzw. dem Zeitwert der Versicherungen.

Wurde als Gewinnverwendung für die Rückdeckungsversicherung das Bonusverfahren gewählt, d.h., die jährliche Gewinngutschrift des Versicherers wird als Einmalbeitrag zur Erhöhung der Versicherungsleistung verwendet, dann gehört die Leistungserhöhung zum geschäftsplanmäßigen Deckungskapital bzw. zum Zeitwert der Versicherung.

Wird dagegen als Gewinnverwendung die verzinsliche Ansammlung gewählt, so gehört das angesammelte Gewinnguthaben nicht zum Deckungskapital bzw. zum Zeitwert der Versicherung, sondern zum Guthaben aus Beitragsrückerstattung und damit nicht zum zulässigen Kassenvermögen.

Falls es auch nicht zuwendungsfähige (schädliche) Rückdeckungsversicherungen gibt, dann zählt nicht das Deckungskapital dieser Rückdeckungsversicherungen zum zulässigen Kassenvermögen, sondern das Achtfache der zulässigen Zuwendungen gemäß § 4d Abs. 1 Nr. 1 Buchst. b EStG. Das Achtfache dieser zulässigen Zuwendung entspricht der zweifachen (in Aussicht gestellten) Altersrente, sofern eine Altersrente zugesagt wurde. In den ersten Jahren einer Rückdeckungsversicherung liegt das Deckungskapital unterhalb der zweifachen Jahresrente, später wesentlich darüber.

Das zulässige und das tatsächliche Kassenvermögen sind pro Trägerunternehmen und für die Ukasse insgesamt zu berechnen.

Das zulässige Kassenvermögen pro Trägerunternehmen ist eine Rechengröße zur Bestimmung der Abzugsgrenzen für den Betriebsausgabenabzug der Zuwendungen pro Trägerunternehmen; das gesamte zulässige Kassenvermögen dient zur Bestimmung, ob die Ukasse überdotiert ist oder nicht.

## 68 Welche Auswirkungen hat es auf die Zuwendungen, wenn das tatsächliche Kassenvermögen das zulässige Kassenvermögen übersteigt?

In diesem Fall sind die Zuwendungen nur begrenzt abzugsfähig, d.h., abzugsfähig ist nur die um den übersteigenden Teil reduzierte Zuwendung.

**Beispiel:**

| | |
|---|---|
| tatsächliches Kassenvermögen | 15.000 € |
| zulässiges Kassenvermögen | 13.000 € |
| geleistete Zuwendungen | 3.000 € |
| abzugsfähige Zuwendung | 1.000 € |
| | = 3.000– (15.000– 13.000) € |

Sind an die Ukasse höhere als die abzugsfähigen Zuwendungen geleistet worden (wie in obigem Beispiel), gibt es die Möglichkeit, den nicht abzugsfähigen Betrag (im obigen Beispiel 2.000 €) durch Einstellung eines Rechnungsabgrenzungspostens auf die folgenden drei Wirtschaftsjahre vorzutragen und im Rahmen der für diese Wirtschaftsjahre abzugsfähigen Beträge als Betriebsausgaben zu behandeln. Diese Rückstellung kann beliebig, muss aber spätestens nach 3 Wirtschaftsjahren vollständig aufgelöst werden (Verteilungswahlrecht).

Die Bildung eines Rechnungsabgrenzungspostens ist auch möglich für Trägerunternehmen, die ihren Gewinn durch Einnahme-/Überschussrechnung ermitteln.

Durch den Rechnungsabgrenzungsposten bleibt das zulässige Kassenvermögen unberührt

## 69 Welchen Einfluss auf das zulässige Kassenvermögen hat eine Versicherungsleistung, die fällig wird, bevor der Anspruch auf Leistungen entsteht?

Bei Leistungsplänen, die eine Kapitalleistung vorsehen, findet man häufig Gestaltungen, in denen eine Versicherungsleistung vom Versicherer an die Ukasse ausgezahlt wird, bevor der Begünstigte gemäß Leistungsplan Anspruch auf die Leistung hat. Mit diesen Fallgestaltungen, bei denen die Leistung erst im Folgejahr ausgezahlt wird, will man eine niedrigere Besteuerung der Kapitalleistung erreichen.

**Beispiel:**

Versicherungsleistung wird fällig am 1.10. eines Jahres; der Begünstigte hat aber erst zum darauf folgenden 1.1. einen Anspruch auf die Leistung.

Die Versicherungsleistung wird bis zur Auszahlung der Versorgungsleistung zum zulässigen Kassenvermögen gerechnet.

## VI.4 Rückübertragung von Kassenvermögen

### 70 Wie kann eine partielle Steuerpflicht der Ukasse vermieden werden?

Gemäß § 6 Abs. 6 KStG unterliegt eine Überdotierung des Kassenvermögens (tatsächliches Kassenvermögen größer als 125 % des zulässigen Kassenvermögens) nicht der Zweckbindung der Kasse. Dieses überdotierte Vermögen kann somit auf das Trägerunternehmen zurückübertragen werden. Der Zufluss bewirkt beim Trägerunternehmen eine gewinnerhöhende Betriebseinnahme, die der Besteuerung unterliegt.

Das rückübertragene Kassenvermögen ist auch dann eine zu versteuernde Betriebseinnahme beim Trägerunternehmen, wenn Zuwendungen wegen Überschreitens der Höchstgrenzen nach § 4d EStG (Zuwendungen nur abzugsfähig, soweit das zulässige Kassenvermögen nicht überschritten wird) nicht als Betriebsausgaben abzugsfähig waren.

### 71 Welche Risiken ergeben sich bei der Rückübertragung von Kassenvermögen?

Da das tatsächliche und zulässige Kassenvermögen erst am Ende des Wirtschaftsjahres festgestellt werden können und es dann für eine Rückübertragung in diesem Wirtschaftsjahr, um eine Besteuerung zu vermeiden, im Allgemeinen zu spät ist, muss die Rückübertragung schon vorher erfolgen. Das kann aber dazu führen, dass mehr als das überdotierte Vermögen übertragen wird, oder es erfolgt eine Rückübertragung ohne Vorliegen einer Überdotierung, weil sich kurz vor Ende des Wirtschaftsjahres noch gravierende Veränderungen bei der Ukasse wegen Veränderungen bei den Leistungsanwärtern und Leistungsempfängern ergeben. In diesen Fällen würde man gegen die steuerlichen Vorschriften zur Zweckbindung der Vermögenswerte verstoßen, mit der Folge, dass dann die Steuerfreiheit der Ukasse entfällt, und zwar rückwirkend für die letzten 10 Jahre.

## 72 Wie kann das Risiko einer „falschen" Rückübertragung vermieden werden?

Da die (mögliche) Überdotierung einer Ukasse erst am Ende eines Wirtschaftsjahres definitiv bestimmt werden kann, ist deren vorherige Schätzung problematisch und mit Risiken verbunden. Ein Lösungsansatz, um der partiellen Steuerpflicht zu entgehen, ist folgender:

Zur Vermeidung einer partiellen Steuerpflicht wird in der Satzung der Ukasse vertraglich festgelegt, dass das Trägerunternehmen einen Anspruch auf das überdotierte Kassen vermögen hat. Mit dieser Vereinbarung wird erreicht, dass der Betrag in Höhe der Überdotierung gleichzeitig mit dem Entstehen der Überdotierung dem Trägerunternehmen zusteht. Gemäß den Grundsätzen ordentlicher Buchführung (GoB) ist damit ein Schuld posten in Höhe der Überdotierung bei der Ukasse absetzbar. Die Überdotierung und die daraus folgende partielle Steuerpflicht entfallen somit.

Die Rückübertragung von überdotiertem Kassenvermögen löst beim Trägerunternehmen Steuerpflicht aus.

Alternativ zu einer Rückübertragung des überdotierten Kassenvermögens an das Trägerunternehmen bietet sich auch der Wechsel des Durchführungsweges (für alle oder einige Versorgungsrisiken bzw. Leistungsanwärter) an. Ob dies jedoch zur Problemlösung bei trägt und gewollt ist, muss jeweils im Einzelfall entschieden werden.

Der oben aufgezeigte Lösungsweg ist für eine Einzel-Ukasse einfach umzusetzen, er ist grundsätzlich auch für eine Konzern- und Gruppen-Ukasse umsetzbar. Nur muss zusätzlich geregelt werden, auf welche Trägerunternehmen und nach welchem Rechenmodus die Rückübertragung erfolgen soll.

## 73 Ist eine Rückübertragung von überdotiertem Kassenvermögen immer sinnvoll?

Wird eine Ukasse partiell steuerpflichtig, dann werden (nur) die anteiligen Erträge der Ukasse besteuert (vgl. Frage 63).

Bei einer Rückübertragung von überdotiertem Kassenvermögen löst das gesamte übertragene Vermögen eine Steuerpflicht beim Trägerunternehmen aus; diese steuerliche Belastung ist höher als die partielle Besteuerung bei der Ukasse.

Es sollte deshalb vorab geprüft werden, ob unter steuerlichen Aspekten und Liquiditätsgründen eine Rückübertragung sinnvoll ist.

## 74 Wer zahlt die Steuern bei einer Überdotierung einer Gruppen-Ukasse?

Steuerpflichtig wird grundsätzlich die Ukasse als eigenständiges Steuersubjekt. Die Steuerbelastung kann aus dem überdotierten Kassenvermögen finanziert werden.

Wird eine Gruppen-Ukasse überdotiert, so bedeutet dies i.d.R., dass nur einige wenige Segmente (Trägerunternehmen) der Ukasse überdotiert sind. Die nicht überdotierten Trägerunternehmen werden nicht gewillt sein, steuerliche Belastungen aus der Überdotierung anderer Trägerunternehmen zu übernehmen. Es sollte deshalb in der Satzung der Gruppen-Ukasse geregelt werden, wer die steuerliche Belastung trägt und wie diese ggf. zwischen mehreren Trägerunternehmen aufgeteilt wird.

## 75 Wie kommt das Trägerunternehmen an die Deckungsmittel in der Gruppen-Ukasse, wenn seine Versorgungsverpflichtungen weggefallen sind?

Eine steuerunschädliche Rückübertragung von Kassenvermögen ist nur für das überdotierte Kassenvermögen möglich.

Hat ein Trägerunternehmen nur eine Versorgungsverpflichtung in der Gruppen-Ukasse, und fällt diese Versorgungsverpflichtung z.B. wegen Ausscheidens des Leistungsanwärters ohne unverfallbare Versorgungsansprüche weg, dann führt dies normalerweise nicht zu einer Überdotierung der Gruppen-Ukasse. Folglich kann das zugehörige Kassenvermögen dieses Trägerunternehmens nicht aus der Gruppen-Ukasse rückübertragen wer den. Es bleibt in der Ukasse.

Ein Lösungsansatz besteht darin, einem anderen Arbeitnehmer des Trägerunternehmens eine Versorgungszusage über die Ukasse zu erteilen. Die bestehende Rückdeckungsversicherung wird auf den neuen Arbeitnehmer übertragen. Versicherungstechnisch bedeutet dies, dass die alte Versicherung aufgelöst wird und die vorhandenen Deckungsmittel als Einmalbeitrag für die Rückdeckungsversicherung des neuen Mitarbeiters verwendet werden. Da diese Versicherung aber gemäß § 4d EStG nicht zuwendungsfähig ist (da ein Einmalbeitrag gezahlt wurde), zählt ihr Deckungskapital zwar zum tatsächlichen, nicht aber zum zulässigen Kassenvermögen – zulässig ist nur die zweifache Jahresrente. Sofern die Ukasse dadurch insgesamt nicht überdotiert wird, ist dies (vorerst) unproblematisch. Alternativ hierzu wird für den neuen Mitarbeiter eine neue Rückdeckungsversicherung gegen jährlich gleichbleibenden Beitrag abgeschlossen und die vorhandenen Vermögenswerte der aufgelösten Rückdeckungsversicherung des vorherigen Mitarbeiters werden zur Beitragsverrechnung herangezogen.

Ein anderer Lösungsansatz, den z.B. Buttler für den Fall vorschlägt, dass eine Zusage für einen neuen Mitarbeiter nicht möglich oder gewollt ist, liegt darin, dass das freigewordene Kassenvermögen für ein anderes Trägerunternehmen (z.B. für eine Beitragsverrechnung) verwendet wird und zwischen den beiden Trägerunternehmen ein finanzieller Ausgleich außerhalb der Ukasse erfolgt. Dadurch fließt das in dem personell leeren Segment gebundene Kapital an sein Trägerunternehmen zurück. Ob dieser Lösungsansatz einer steuerlichen Überprüfung standhält, bleibt abzuwarten. Es könnte nämlich eine verdeckte Gewinnausschüttung bzw. eine verdeckte Einlage bei konzerngebundenen Trägerunternehmen bzw. eine Schenkung bei fremden Trägerunternehmen vermutet werden.

Dieser Fall zeigt die körperschaftsteuerliche Problematik bei Gruppen-Ukassen auf, die als einheitliches Steuersubjekt angesehen werden. Sieht die Satzung einer Gruppen Ukasse eine Segmentierung pro Trägerunternehmen vor, dann erscheint im Interesse einer richtigen Aufwandsabgrenzung pro Trägerunternehmen und im Interesse einer sachgerechten körperschaftsteuerliehen Behandlung auch eine Segmentierung des Kassenvermögens für die Zwecke der Überdotierung und der Zulässigkeit der Rückübertragung sinnvoll.

## VI.5 Auflösung der Kasse

### 76 Was geschieht, wenn die Bestimmung über die Vermögensbindung bei Auflösung der Ukasse aufgehoben wird?

Werden die Bestimmungen über die Vermögensbindung nachträglich geändert, so dass sie den steuerlichen Anforderungen nicht mehr entsprechen, wird die Ukasse steuerpflichtig, und zwar nicht nur für das Jahr der Aufhebung, sondern für die letzten 10 Jahre nachträglich (§ 61 Abs. 3 S. 2 AO).

### 77 Was geschieht mit dem Vermögen einer Ukasse bei deren Auflösung?

Bei der Auflösung einer Ukasse darf deren Vermögen nur ihren Leistungsempfängern und Leistungsanwärtern oder deren Angehörigen zugutekommen oder für ausschließlich gemeinnützige oder mildtätige Zwecke verwendet werden.

Sofern das Vermögen einer gemeinnützigen oder mildtätigen Einrichtung zugutekommen soll, muss diese Einrichtung in der Satzung der Ukasse genau bezeichnet werden (§ 61 AO). Kann diese Einrichtung bei Erstellen der Satzung nicht genau bezeichnet werden, dann ist in der Satzung festzulegen, dass der Beschluss über die Verwendung des Kassenvermögens für gemeinnützige oder mildtätige Zwecke erst nach Einwilligung des Finanzamtes umgesetzt werden kann.

Sofern die Ukasse bei der Auflösung überdotiert ist, kann der überdotierte Vermögensteil an das/die Trägerunternehmen zurück überwiesen werden (Regelungsbedarf bei Gruppen-Ukassen).

Im Falle einer Ukassen-GmbH darf bei einer Auflösung der Ukasse das Stammkapital nicht an das Trägerunternehmen zurückfließen (Abschn. 6 Abs. 8 S. 4 KStR) und bei einer Ukassen-Stiftung das Stiftungsvermögen nicht an den Stifter, sondern nur an die Leistungsempfänger oder deren Angehörigen oder für gemeinnützige Zwecke verwendet werden (Abschn. 6 Abs. 8 S. 8 KStR).

Die Auflösung einer Ukasse bedeutet, dass die vorhandenen Leistungsansprüche auf das Trägerunternehmen übergehen. Die Finanzierung der übergegangenen Ansprüche erfolgt im Rahmen der steuerlichen, arbeitsrechtlichen und betriebsrentenrechtlichen Möglichkeiten. Es erfolgt dann eine Satzungsänderung mit dem Inhalt, dass keine laufenden Leistungen aus der Ukasse mehr erbracht werden und keine Anwartschaften mehr bestehen. Wenn die Satzungsänderung eingetragen ist, kann das Kassenvermögen übertragen und die Ukasse aufgelöst werden.

Bei einer Gruppen-Ukasse bietet es sich ggf. an, erst eine Übertragung auf eine neue Ukasse vorzunehmen und dann die neue Ukasse aufzulösen.

## 78 Was geschieht mit der Ukasse bei einem Betriebsübergang des Trägerunternehmens?

Wird ein Betrieb oder Betriebsteil durch Rechtsgeschäft übertragen, so tritt der neue Inhaber in die Rechte und Pflichten aus den im Zeitpunkt des Betriebsübergangs bestehenden Arbeitsverhältnissen ein (§ 613a Abs. 1 S. 1 BGB). Dies gilt insbesondere auch für die vom Betriebsveräußerer eingegangenen Versorgungsverpflichtungen.

Wird ein Unternehmen durch den Insolvenzverwalter fortgeführt, liegt kein Fall des § 613a BGB vor. Wird der Betrieb oder Betriebsteil später vom Insolvenzverwalter veräußert, so gilt § 613a BGB für bestehende Arbeitsverhältnisse.

Nicht vom Betriebsübergang erfasst werden bereits beendete Arbeitsverhältnisse (Rentner und mit unverfallbaren Anwartschaften ausgeschiedene Mitarbeiter). Diese Versorgungsverpflichtungen bleiben beim Veräußerer.

Wenn der Veräußerer nach dem Betriebsübergang weiter als Arbeitgeber existiert, kann er die Versorgungszusagen der bei ihm verbleibenden Ansprüche weiterhin über die Ukasse erfüllen.

Wenn der Veräußerer nach dem Betriebsübergang als Arbeitgeber aber nicht mehr existiert, muss er als Trägerunternehmen aus der Ukasse ausscheiden (die Ukasse erfordert zwingend einen Arbeitgeber). Um seine bestehenden Versorgungsverpflichtungen gegenüber den Rentnern und Ausgeschiedenen zu erfüllen, bleiben ihm nur die in § 4 BetrAVG vor gegebenen Möglichkeiten der Übertragung der Verpflichtungen – Übertragung auf eine Pensionskasse oder ein Unternehmen der Lebensversicherung. Da die Betriebstätigkeit eingestellt und das Rest-Unternehmen liquidiert wird, ist die Übertragung ohne Zustimmung der Arbeitnehmer oder Versorgungsempfänger möglich. Voraussetzung hierfür ist jedoch, dass sichergestellt wird, dass für die Leistungsanwärter ab Rentenbeginn, für die Leistungsempfänger ab sofort alle Überschussanteile der abzuschließenden Versicherungen zur Leistungserhöhung verwendet werden.

Die Versorgungsansprüche der vom Betriebsübergang erfassten Arbeitnehmer sind vom Erwerber zu erfüllen. Der Veräußerer des Betriebes haftet für die Verpflichtung der übergegangenen Arbeitnehmer nur in den Grenzen des § 613a Abs. 2 BGB. Damit beschränkt sich seine gesamtschuldnerische Haftung auf Ansprüche, die im Laufe eines Jahres nach dem Betriebsübergang fällig werden.

Ist eine Ukasse Versorgungsträger, so geht diese im Falle einer rechtsgeschäftlichen Veräußerung des Betriebes oder Betriebsteils nicht automatisch auf den Erwerber über; sie verbleibt ohne ausdrückliche Vereinbarung beim Veräußerer. Die Ukasse wird jedoch in gleichem Umfang wie der Veräußerer zum Zeitpunkt des Betriebsübergangs von ihrer Leistungspflicht befreit (BAG-Urteil vom 15.3.1979 – 3 AZR 859/77). Für die übergegangenen Versorgungsanwartschaften haftet der Erwerber selbst. In der Praxis tritt der Erwerber entweder der Gruppen-Ukasse des Veräußerers bei und übernimmt die vorhandenen Deckungsmittel für den übernommenen Personenkreis, oder es erfolgt eine Übertragung der Deckungsmittel auf eine andere Ukasse und die Versorgungsansprüche werden dort weitergeführt.

### 79 Wie wirkt sich die Übertragung der Versorgungsanwartschaften auf einen Pensionsfonds aus?

Ukassen können ihre Versorgungsverpflichtungen (Anwartschaften und laufende Leistungen) auf einen Pensionsfonds übertragen. Der Pensionsfonds wird den Barwert dieser Verpflichtungen (berechnet nach seinen Rechnungsgrundlagen, insbesondere seinem Rechnungszins) als Übertragungswert anfordern. Sofern dieser Barwert höher ist als das vorhandene Kassenvermögen, kann das Trägerunternehmen den zusätzlichen Kapitalbedarf der Ukasse sofort zuwenden. Hinsichtlich des Betriebsausgabenabzugs dieser Zuwendung kann es aber beantragen, den zusätzlichen Kapitalbedarf auf die dem Wirtschaftsjahr der Übertragung folgenden 10 Wirtschaftsjahre gleichmäßig zu verteilen. Der Zusatzaufwand wird liquiditätsmäßig sofort fällig, als verrechenbarer Aufwand aber über 10 Jahre verteilt. Der Antrag ist unwiderruflich; an ihn wäre auch ein Rechtsnachfolger gebunden.

Wird ein Antrag auf Verteilung nicht gestellt, dann ist der Zusatzaufwand im Wirtschaftsjahr der Zahlung voll als Zuwendung an die Ukasse absetzbar. Dies bedeutet andererseits aber den Verlust der Lohnsteuerfreiheit gemäß § 3 Nr. 66 EStG für den Arbeitnehmer. Da dieser einer Übertragung auf einen Pensionsfonds zustimmen muss, wird er sich dieses Zugeständnis nur dann abringen lassen, wenn er hierdurch keine steuerlichen Nachteile hat (Arbeitgeber soll diesen steuerlichen Mehraufwand übernehmen). Dies wird in der Praxis wohl dazu führen, dass die steuerliche Streckung des Zusatzaufwandes gewählt wird.

## VI.6 Sonstige Steuerpflicht der Unterstützungskasse

### 80 Unterliegt die Ukasse der Gewerbesteuer?

Nach § 3 Nr. 9 GewStG sind rechtsfähige Ukassen i.S.v. § 5 Abs. 1 Nr. 3 KStG, die von der Körperschaftsteuer befreit sind, auch von der Gewerbesteuer befreit.

Ist die Ukasse jedoch körperschaftsteuerpflichtig (partiell oder voll), fällt auch Gewerbesteuer an.

### 81 Unterliegt die Ukasse der Vermögensteuer?

Nein; eine Vermögensteuer wird seit 1997 nicht mehr erhoben.

### 82 Unterliegt die Ukasse der Erbschaftsteuer?

Zuwendungen an Ukassen sind gemäß § 13 Abs. 1 Nr. 13 ErbStG von der Erbschaft- und Schenkungssteuer befreit, sofern die Ukasse steuerbefreit ist. Fallen die Voraussetzungen des § 5 Abs. 1 Nr. 3 KStG weg, wird die Ukasse rückwirkend für 10 Jahre erbschaftsteuerpflichtig.

Ist die Ukasse partiell steuerpflichtig, sind die Zuwendungen im gleichen Verhältnis erbschaftsteuerpflichtig.

Falls es durch eine Erbschaft oder Schenkung zu einer Überdotierung der Ukasse kommt, kann dies eine Körperschaft- und Gewerbesteuerpflicht nach sich ziehen, sofern keine Gegenmaßnahmen getroffen werden (z.B. Erhöhung der Versorgungsleistungen).

## 83 Unterliegt die Ukasse der Umsatzsteuer?

Zahlungen an Dritte (Verwaltungsgesellschaft) für die Übernahme von typischen Verwaltungstätigkeiten der Ukasse sind umsatzsteuerbefreit, und zwar unabhängig davon, ob das Verwaltungshonorar von der Ukasse oder von den Trägerunternehmen entrichtet wird. Gleiches gilt, wenn ein Trägerunternehmen gegen Entgelt die Verwaltung übernimmt. Vgl. BMF-Schreiben vom 18.12.1997.

# VII Steuerpflicht des Arbeitnehmers

## VII.1 Steuerpflicht in der Anwartschaftszeit

### 84 Sind die Zuwendungen des Trägerunternehmens an die Ukasse für den Arbeitnehmer steuerpflichtig?

Da es sich bei den Zuwendungen an die Ukasse nicht um Arbeitslohn für den Arbeitnehmer handelt, sind die Zuwendungen beim begünstigten Arbeitnehmer steuerfrei. Dies gilt wegen des fehlenden Rechtsanspruchs auch bei einer Entgeltumwandlung.

Als Arbeitslohn gelten erst die Leistungen der Ukasse an den Arbeitnehmer.

## VII.2 Steuerpflicht in der Leistungsphase

### 85 Wie werden Versorgungsleistungen beim Arbeitnehmer besteuert?

Lebenslänglich laufende Leistungen der Ukasse unterliegen wegen ihres Arbeitslohncharakters (Einkünfte aus nichtselbständiger Arbeit) gemäß § 19 Abs. 1 Nr. 2 EStG der Lohnsteuer (zuzüglich Kirchensteuer). Dies gilt auch für die Hinterbliebenenleistungen.

Von diesen Versorgungsleistungen bleibt ein bestimmter Prozentsatz der Leistung, als absoluter Betrag nach oben limitiert, steuerfrei (Versorgungsfreibetrag). Zusätzlich wird ein Zuschlag zum Versorgungsfreibetrag gewährt. Die Höhe des Versorgungsfreibetrages und des Zuschlags ist abhängig vom Jahr des erstmaligen Leistungsbezuges. Die Höhe beider Freibeträge wird für den einzelnen Leistungsempfänger für die Zukunft festgeschrieben. Wird die Rente später gemäß § 16 BetrAVG angepasst, hat dies auf die Höhe des Versorgungsfreibetrages und des Zuschlags keine Auswirkung. Regelmäßige Erhöhungen sind damit immer voll steuerpflichtig, unabhängig davon, ob der weiterhin geltende Versorgungsfreibetrag und der Zuschlag den möglichen Höchstbetrag ausschöpfen.

Für zukünftige neue Leistungsempfänger sinken der Versorgungsfreibetrag und der Zuschlag zum Versorgungsfreibetrag bis zum Jahr 2040 auf null. Ab dem Jahr 2040 ist für Neurentner eine Leistung aus einer Ukasse voll zu versteuern.

Zur Entwicklung der Höhe des Versorgungsfreibetrages und des Zuschlags im Zeitablauf siehe § 19 Abs. 2 S. 3 EStG.

Der Versorgungsfreibetrag und der Zuschlag werden gewährt für Alters-, Invaliden- und Witwen-Witwerrenten, wobei für die Altersrente das vollendete 63. Lebensjahr (für Schwerbehinderte das 60. Lebensjahr) Voraussetzung ist. Vor Erreichen dieses Alters ist die Rente voll zu versteuern.

Weiterhin wird ein Werbungskosten-Pauschbetrag in Höhe von 102 € jährlich nach § 9a S. 1 Nr. 1 Buchst. b EStG gewährt, sofern keine höheren Werbungskosten nachgewiesen werden. Wegen des Wegfalls des Arbeitnehmer-Pauschbetrages von 920 € (vor

2005) und dessen Ersatz durch den Werbungskosten-Pauschbetrag von nunmehr nur 102 € wird als Ausgleich der bereits oben erwähnte Zuschlag auf den Versorgungsfreibetrag gewährt, der im Jahr 2005 900 € betrug und zukünftig bis zum Jahr 2040 ebenfalls bis auf null abgebaut wird.

**Anmerkung:**

Wird neben der Rente aus der Ukasse auch eine Rente aus der gesetzlichen Rentenversicherung gezahlt, wird jeweils gesondert ein Werbungskosten-Pauschbetrag von 102 € berücksichtigt.

Zusätzlich wird ein Sonderausgaben-Pauschbetrag in Höhe von 36 € gewährt, sofern nicht höhere Ausgaben nachgewiesen werden (§ 10e S. 1 EStG).

Bei Tod des Leistungsempfängers wird der Versorgungsfreibetrag für die Hinterbliebenenleistung im Verhältnis der Hinterbliebenenrente zur Altersrente herabgesetzt. Es erfolgt keine zusätzliche Reduktion, weil die Hinterbliebenenleistung erst in späteren Jahren einsetzt.

Bei einmaligen Kapitalleistungen unterliegt, nach Abzug des Versorgungsfreibetrages und des Zuschlags zum Versorgungsfreibetrag, der verbleibende Kapitalbetrag unter Anwendung des § 34 Abs. 1 EStG i.V.m. § 24 Nr. 1 EStG (sog. Fünftelungsregelung) der Besteuerung. Kapitalzahlungen werden üblicherweise als Entschädigung für entgangene oder entgehende Einnahmen angesehen (vgl. hierzu auch Frage 86). Die Fünftelungsregelung gilt jedoch nicht bei Teilauszahlungen über mehrere Kalenderjahre.

Bei Kapitalleistungen werden der Versorgungsfreibetrag und der Zuschlag nur einmal abgesetzt, wogegen für laufende Rentenzahlungen der Abzug jährlich erfolgt.

Der Lohnsteuerabzug erfolgt nicht von der Ukasse, sondern vom jeweiligen Trägerunter nehmen bzw. dessen damit beauftragter Verwaltungsgesellschaft, deren sich die Ukasse als Erfüllungsgehilfen bedient. Schuldner der Lohnsteuer ist das Trägerunternehmen.

## 86 Wie erfolgt die Besteuerung bei der sog. Fünftelungsregelung des§ 34 Abs. 1 EStG?

Der Gesetzestext des § 34 Abs. 1 EStG lautet wie folgt:

*„Die für außerordentliche Einkünfte anzusetzende Einkommensteuer beträgt das Fünffache des Unterschiedsbetrags zwischen der Einkommensteuer für das um diese Einkünfte verminderte zu versteuernde Einkommen (verbleibendes zu versteuerndes Einkommen) und der Einkommensteuer für das verbleibende zu versteuernde Einkommen zuzüglich eines Fünftels dieser Einkünfte."*

*Die Progressionswirkung des Einkommensteuertarifs wird dadurch abgemildert, dass lediglich ein Fünftel des Kapitalbetrages versteuert wird. Der für dieses Fünftel anfallende Steuerbetrag wird dann verfünffacht.*

**An folgendem Beispiel soll dies verdeutlicht werden (nur Einkommensteuer):**

| | |
|---|---|
| zu versteuerndes Einkommen (zvE) | 40.000 € |
| Kapitalleistung nach Abzug des Versorgungsfreibetrags etc. | 50.000 € |
| Einkommensteuer auf zvE ca. | 7.828 € |
| Einkommensteuer auf 50.000 € (zvE + 1/5 Kapitalleistung) ca. | 11.343 € |
| Mehrbetrag an Steuern | 3.515 € |
| Steuer auf volle Kapitalleistung (5 x 3.515 €) | 17.575 € |
| gesamte Steuer (7.828 € + 17.575 € ) | 25.403 € |
| Zum Vergleich: Steuer auf 90.000 € | 27.827 € |
| Steuerersparnis | 2.424 € |

(Basis: EStG-Grundtabelle ab 1.1.2023,)

In der steuerrechtliehen Literatur werden Kapitalzahlungen und Kapitalisierungsoptionen dem Anwendungsbereich des § 34 EStG zugerechnet. Eine bundeseinheitliche Meinung der Steuerbehörden hierzu gibt es jedoch nicht. Um das Haftungsrisiko des Trägerunternehmens für fehlerhaft einbehaltene Lohnsteuer zu begrenzen, besteht die Möglichkeit der Lohnsteueranrufungsauskunft gemäß § 42e EStG.

## 87 Können laufende Leistungen aus einer Ukasse pauschal besteuert werden?

Dies war bis zum 31.12.2004 grundsätzlich möglich. Voraussetzung war, dass die monatliche Rente maximal 204,52 € betrug (analog § 40a EStG). Der Pauschsteuersatz betrug 20 %.

Die Pauschalierungsmöglichkeit wurde jedoch in dem mit den obersten Finanzbehörden des Bundes und der Länder abgestimmten Erlass des Finanzministeriums Nordrhein-Westfalen vom 30.11.2004 ab dem 1.1.2005 aufgehoben.

Der Ukasse bzw. dem Verwalter ist somit eine Lohnsteuerkarte vorzulegen; wird diese nicht vorgelegt, erfolgt eine Besteuerung nach Steuerklasse VI.

## 88 Sind Hinterbliebenenleistungen aus einer Ukasse erbschaftsteuerpflichtig?

Falls der verstorbene Leistungsanwärter oder Leistungsempfänger ein Arbeitnehmer oder eine arbeitnehmerähnliche Person war, ist die Hinterbliebenenleistung erbschaftsteuerfrei, sofern die Ukasse steuerbefreit ist.

War der Verstorbene jedoch ein beherrschender Gesellschafter-Geschäftsführer einer GmbH, dann unterliegt die Hinterbliebenenrente der Erbschaftsteuer.

Gemäß BMF-Schreiben vom 25.3.2003 ist von den Ukassen jedoch keine Meldung von Hinterbliebenenleistungen gemäß § 33 ErbStG i.V.m. § 3 Abs. 1 ErbStDV an das Finanzamt erforderlich.

## 89 Unterliegen Leistungen aus einer Ukasse der Krankenversicherungspflicht?

Ja. Laufende und einmalige Leistungen aus einer Ukasse unterliegen der Krankenversicherungspflicht inkl. Pflegeversicherung. Angesetzt wird ab dem 1.1.2004 der volle allgemeine Krankenversicherungsbeitragssatz der Rentner (KVdR) - sowohl für Pflicht versicherte als auch für freiwillig Versicherte. Einige Krankenkassen erheben für freiwillig Versicherte nur den ermäßigten Beitragssatz (ohne Anspruch auf Krankentagegeld) - was der richtige Ansatz ist, denn Rentner erhalten im Krankheitsfall kein Krankentagegeld.

Sozialversicherungsfrei sind Renten bis zu 1/20 der monatlichen Bezugsgröße nach § 18 SGB IV West (in 2013 monatlich 169,75 €).

Für einmalige Kapitalleistungen wird 1/120 der Kapitalleistung als monatliche Bezugsgröße für die Krankenversicherungspflicht angesetzt. Dies gilt sowohl bei originär zugesagten Kapitalleistungen als auch bei Kapitalabfindungen (sofern diese gemäß Betriebsrentengesetz überhaupt möglich sind). Krankenversicherungspflicht besteht bei Kapitalleistungen für maximal 10 Jahre; verstirbt der Leistungsempfänger vorher, endet die Krankenversicherungspflicht.

Eine Beitragszahlung entfällt bei geringen Kapitalleistungen, d.h., wenn 1/120 des Kapitalbetrages die monatliche Bezugsgröße nach § 18 Abs. 1 SGB IV nicht übersteigt. Dies bedeutet, dass Kapitalleistungen in der Größenordnung von derzeit ca. 20.400 € beitragsfrei bleiben, sofern keine sonstigen Versorgungsbezüge gezahlt werden.

Die Beiträge für die Krankenversicherung aus Kapitalleistungen sind vom Versicherten direkt an die Krankenkasse zu zahlen; ein Beitragseinbehalt durch die Zahlstelle (Ukasse, Trägerunternehmen, Verwaltungsgesellschaft) ist nicht vorgesehen. Die Zahlstelle muss der Krankenkasse jedoch die Höhe der Kapitalzahlung melden.

## VII.3 Unverfallbarkeit

### 90 Was geschieht mit den Versorgungsansprüchen bei Ausscheiden eines Leistungsanwärters aus dem Trägerunternehmen?

Falls ein Leistungsanwärter ohne unverfallbare Versorgungsanwartschaften aus dem Trägerunternehmen ausscheidet, verfallen seine Versorgungsanwartschaften. Die bestehende Rückdeckungsversicherung wird aufgelöst; der Rückkaufswert bzw. das Deckungskapital der Versicherung kann mit den Beiträgen für die übrigen Leistungsanwärter des Trägerunternehmensverrechnet werden. Eine Rückübertragung des Rückkaufswertes des Deckungskapitals an das Trägerunternehmen ist wegen der Zweckbindung der Vermögenswerte i.d.R. nicht möglich (nur für den überdotierten Teil).

Falls ein Versorgungsanwärter mit (vertraglich oder gesetzlich) unverfallbaren Anwartschaften aus dem Trägerunternehmen ausscheidet, werden seine Versorgungsanwartschaften anteilig aufrechterhalten. Sofern diese Anwartschaften aus den vorhandenen Deckungsmitteln der Rückdeckungsversicherung finanziert werden können, wird die Rückdeckungsversicherung auf dem Niveau der aufrechtzuerhaltenden Ansprüche beitragsfreigestellt; ein vorhandener Deckungsmittelüberhang kann mit laufenden Beiträgen anderer Anwärter verrechnet werden. Eine ggf. verbleibende Deckungslücke kann gegen laufenden gleichbleibenden Beitrag ausfinanziert werden.

### 91 Wie lauten die gesetzlichen Unverfallbarkeitsfristen?

Einem Arbeitnehmer, dem Leistungen aus der betrieblichen Altersversorgung zugesagt worden sind, bleibt die Anwartschaft erhalten, wenn das Arbeitsverhältnis nach Vollendung des 21. Lebensjahres endet und die Versorgungszusage zu diesem Zeitpunkt mindestens drei Jahre bestanden hat (§ 1 b Abs. 1 S. 1 BetrAVG). Für diese Fristen gilt eine taggenaue Abrechnung.

Die vormals geltenden Unverfallbarkeitsfristen sind durch die obige neue, ab dem 1.1.2018 gültige Regelung inzwischen überholt. Für sie gilt eine Übergangsregelung (vgl. § 30f BetrAVG).

Soweit betriebliche Altersversorgung durch Entgeltumwandlung erfolgt, behält der Arbeitnehmer seine Anwartschaft, wenn sein Arbeitsverhältnis vor Eintritt des Versorgungsfalles endet (sofortige Unverfallbarkeit, kein Mindestalter).

### 92 Wie berechnet sich die Höhe der gesetzlich unverfallbaren Anwartschaft?

Scheidet ein Leistungsanwärter vor Erreichen der Altersgrenze aus dem Trägerunter nehmen aus, und hat er zu diesem Zeitpunkt die Fristen für die gesetzliche Unverfallbarkeit erfüllt, dann berechnet sich sein Anspruch auf Altersleistung wie folgt:

In einem ersten Schritt wird die Leistung ermittelt, die der ausgeschiedene Mitarbeiter bei Erreichen des normalen Altersrentenbeginns gemäß Leistungsplan seines Trägerunternehmens erreichen würde, sofern er bis zum normalen Altersrentenbeginn in den Diensten des Trägerunternehmens stehen würde (R). Bei der Berechnung dieser Leistung R werden die Bezugsgrößen zum Ausscheidetermin (z.B. Gehalt, Beitragsbemessungsgrenze in der gesetzlichen Rentenversicherung etc.) festgeschrieben.

In einem zweiten Schritt werden die Dienstzeiten, die er tatsächlich im Unternehmen verbracht hat (m) sowie die Dienstzeit, die er vom Diensteintritt bis zum normalen Alters rentenbeginn hätte verbringen können (n), berechnet.

Sein unverfallbarer Anspruch auf Altersleistung (UVA), zahlbar ab dem normalen Altersrentenbeginn, beträgt dann:

**UVA = R x m/n.**

Für die Berechnung der tatsächlichen und möglichen Dienstzeit bieten sich mehrere Möglichkeiten an: Hiervon seien zwei aufgezeigt:

a) tagesgenaue Berechnung, wobei jeder Monat mit 30 Tagen angesetzt wird;

b) Berechnung auf volle Monate, wobei bei nicht vollen Monaten die tatsächliche Dienstzeit auf- und die mögliche Dienstzeit abgerundet wird (Berechnung zugunsten des Leistungsanwärters).

Eine Sonderregelung gibt es für Anwartschaften aus einer Entgeltumwandlung sowie einer beitragsorientierten Leistungszusage. Hier ist die unverfallbare Versorgungsanwartschaft begrenzt auf den Teil der Leistungen, die seit dem Zeitpunkt der Zusage bis zum Ausscheiden ausfinanziert sind (§ 2 Abs. 5 BetrAVG). Diese Regelung gilt nur für Anwartschaften, die auf Zusagen beruhen, die nach dem 31.12.2000 erteilt worden sind. Im Einvernehmen zwischen dem Arbeitgeber und dem Arbeitnehmer kann diese Regelung auch auf Anwartschaften angewendet werden, die auf Zusagen beruhen, die vor dem 1.1.2001 erteilt worden sind (§ 30g BetrAVG).

Erfolgt die Finanzierung für sofort unverfallbare Versorgungsanwartschaften vor dem Alter 23, dann beträgt der unverfallbare Anspruch mindestens m/n-tel der erreichbaren Anwartschaft. Da die m/n-tel-Berechnung i.d.R. höhere Leistungen ergibt als die ausfinanzierte Leistung, kann sich in diesen Fällen eine Nachschusspflicht des Trägerunternehmens ergeben.

Gesetzlich unverfallbare Anwartschaften sind zukünftig unter bestimmten Voraussetzungen zu dynamisieren.

## VII.4 Insolvenz des Trägerunternehmens

### 93 Sind Ukassen-Leistungen insolvenzgeschützt?

Nach § 7 Abs. 1 S. 2 Nr. 2 BetrAVG haben Versorgungsberechtigte Anspruch auf Leistungen gegenüber dem Pensions-Sicherungs-Verein auf Gegenseitigkeit (PSV), sofern über das Vermögen ihres Trägerunternehmens das Insolvenzverfahren eröffnet ist und sie selber die Fristen für die gesetzliche Unverfallbarkeit erfüllt haben.

Obwohl die Ukasse rechtlich selbständig ist, ist sie an die Insolvenz des Trägerunternehmens gebunden, da ihre Finanzierung durch Zuwendungen des Trägerunternehmens erfolgt.

Bei einer überbetrieblichen Gruppen-Ukasse werden bei einem Insolvenzverfahren nur die Leistungsanwärter und Leistungsempfänger erfasst, deren Trägerunternehmen insolvent geworden sind. Gleiches gilt für eine Konzern-Ukasse.

Nicht durch den PSV erfasst werden Leistungsanwärter, die die Fristen für die gesetzliche Unverfallbarkeit nicht erfüllt haben. Dies gilt insbesondere auch für vertraglich unverfallbare Anwartschaften. Deren Anspruch gegen den PSV läuft ins Leere. Durch eine Verpfändung der Rückdeckungsversicherung kann ein Quasi-Insolvenzschutz erreicht werden (vgl. hierzu Frage 39).

### 94 Was ist Beitragsbemessungsgrundlage für den PSV?

Beitragsbemessungsgrundlage für den PSV ist

- für Leistungsanwärter: das Zwanzigfache der zulässigen jährlichen Zuwendungen;
- für Leistungsempfänger: das Deckungskapital der laufenden Leistungen.

Das Deckungskapital der laufenden Leistungen berechnet sich als Vielfaches der Jahresrente, wobei der Vervielfältiger alters- und geschlechtsabhängig ist (vgl. Anhang 1 zu § 4d EStG). Es ist das Alter am Ende des Wirtschaftsjahres der Kasse zu berechnen. Das Alter ist bürgerlich-rechtlich zu berechnen (vgl. hierzu Frage 39).

Das Deckungskapital für die Beitragsbemessungsgrundlage für den PSV entspricht nicht dem Deckungskapital der Rückdeckungsversicherung; es ist eine separate Berechnung pro Leistungsempfänger durchzuführen.

Die zulässige jährliche Zuwendung für die Leistungsanwärter beträgt 25 % der zum jeweiligen Stichtag in Aussicht gestellten Altersrente. Somit beläuft sich das Zwanzigfache der zulässigen Zuwendung durchgängig auf das Fünffache der jährlichen Altersrente zum jeweiligen Stichtag.

Falls nur Invaliden- und/oder Hinterbliebenenleistungen über die Ukasse finanziert werden, beträgt das Zwanzigfache der zulässigen Zuwendung das 1,2-Fache der jeweiligen Jahresrente.

Für Kapitalleistungen gilt 10 % des Kapitals als jährliche Altersrente, so dass Beitragsbemessungsgrundlage für den PSV durchgängig das halbe Kapital zum jeweiligen Stichtag ist.

### 95 Was geschieht mit dem Kassenvermögen bei einer Insolvenz des Trägerunternehmens?

Wird ein Trägerunternehmen insolvent, dann geht gemäß § 9 Abs. 3 BetrAVG das gesamte Vermögen der Ukasse einschließlich deren Verbindlichkeiten auf den PSV über, vorausgesetzt es gibt mindestens einen PSV-gesicherten Versorgungsanspruch (gesetzlich unverfallbare Anwartschaft oder laufende Leistung). Bei einer Konzern- oder Gruppen-Ukasse geht nur das anteilige Kassenvermögen des insolventen Trägerunternehmens über; die übrigen Trägerunternehmen werden dadurch nicht berührt.

Hinsichtlich der Verbindlichkeiten haftet der PSV aber nur bis zur Höhe der übernommenen Vermögenswerte.

Wenn die auf den PSV übergegangenen Vermögenswerte den Barwert der Ansprüche gegen den PSV übersteigen, dann muss der PSV den übersteigenden Teil des Vermögens gemäß den Festlegungen in der Ukassen-Satzung verwenden. In der Praxis wird dies im Regelfall zu einer Erhöhung der Versorgungsansprüche führen. Eine Rückübertragung von Kassenvermögen an das Trägerunternehmen bzw. den Insolvenzverwalter kommt nicht in Betracht

Alternativ gilt folgende Regelung: Verweist die Versorgungszusage auf die Leistungen aus einer Rückdeckungsversicherung, kann auf Verlangen des Versorgungsberechtigten die Rückdeckungsversicherung auf ihn übertragen werden, und er kann diese mit eigenen Beiträgen fortführen.

## 96 Hilft die Verpfändung der Rückdeckungsversicherung bei Insolvenz, wenn der PSV nicht in eine Leistungspflicht eintritt?

In der Insolvenz des Trägerunternehmens gewährt das Pfandrecht dem Leistungsanwärter oder Leistungsempfänger gemäß § 50 Abs. 1 InsO ein Absonderungsrecht Dieses Absonderungsrecht berechtigt ihn, sich aus dem grundsätzlich zur Masse gehörenden Pfandrecht vorrangig zu bedienen, d.h. dieses bei Pfandreife zur Erfüllung seiner Ansprüche zu verwerten.

Der Insolvenzverwalter kann zwar eine verpfändete Rückdeckungsversicherung kündigen, er darf sie aber nicht verwerten, sondern muss die Vermögenswerte zurückbehalten und vorrangig hinterlegen, bis die zu sichernde Forderung fällig wird, d.h. die Pfandreife eintritt. Dies ist i.d.R. bei Altersrentenbeginn der Fall. Erst zu diesem Zeitpunkt kann der Leistungsanwärter über die Mittel aus der Rückdeckungsversicherung verfügen. Vgl. hierzu auch das BGH-Urteil vom 7.4.2005.

## 97 Ändert sich die Besteuerung der Leistungen, wenn sie durch Insolvenz des Trägerunternehmens auf den PSV übergehen?

Nein. In § 3 Nr. 65 S. 3 EStG ist geregelt, das die ursprünglichen Versorgungsleistungen durch eine Insolvenz des Trägerunternehmens nicht ihren Charakter als Leistung aus nichtselbständiger Arbeit verlieren. Dies bedeutet, dass die Besteuerung unverändert so erfolgt, als würde die Leistung weiterhin von der Ukasse erbracht und die Insolvenz hätte nicht stattgefunden.

## VII.5 Abwicklung laufender Leistungen

### 98 Wie erfolgt die Abwicklung von Zahlungen aus der Ukasse?

Zu den Aufgaben der Ukasse gehört auch die Bewältigung der administrativen Aufgaben, die mit der Versorgung der Leistungsempfänger verbunden sind.

Für die Abwicklung von laufenden Leistungen sind folgende Tätigkeiten erforderlich:

- Beantragung der Leistung durch den Versorgungsberechtigten, das Trägerunternehmen oder durch Dritte;
- Prüfen des Anspruchs, insbesondere bei Invalidität/Berufsunfähigkeit;
- Berechnung der Höhe des Anspruchs einschließlich der Kürzungen bei vorgezogener Inanspruchnahme einer Altersleistung;
- Berechnung der gesetzlichen Abgaben (Steuern, ggf. Solidaritätszuschlag, Kirchensteuer, Krankenversicherung der Rentner (KVdR), Pflegeversicherung);
- Auszahlung der Nettorente an den Versorgungsberechtigten;
- Abführen der Lohnsteuer etc. an das zuständige Finanzamt;
- Abführen des KVdR und des Pflegeversicherungsbeitrages an die zuständigen Krankenkassen;
- Anfordern von Lohnsteuerkarten bzw. Lebensnachweisen;
- Führen der Lohnsteuerkarten etc.

Grundsätzlich ist das Trägerunternehmen zum Einbehalt der Lohnsteuer verpflichtet; es kann diese Aufgabe aber an einen Dritten übertragen. Das Trägerunternehmen haftet aber weiterhin für den korrekten Lohnsteuerabzug.

Für den KVdR ist die Ukasse Zahlstelle i.S.d. § 256 SGB V für die Abführung der Beiträge. Schuldner des KVdR für Pflichtversicherte ist das Trägerunternehmen; bei Privatversicherten ist der Rentner Schuldner gegenüber seiner Krankenkasse.

Bei Kapitalleistungen unterliegen 1/120 der Kapitalleistung als monatliche Rente der KVdR. Diesen Beitrag muss der Rentner direkt an seine Krankenkasse überweisen, maximal für 10 Jahre.

Die Ukasse als Zahlstelle muss der Krankenkasse die Höhe der Kapitalleistung melden.

### 99 Müssen laufende Rentenzahlungen an die Inflation angepasst werden?

Gemäß § 16 BetrAVG hat der Arbeitgeber alle drei Jahre eine Anpassung der laufenden Leistungen zu prüfen und hierüber nach billigem Ermessen zu entscheiden; dabei sind insbesondere die Belange des Versorgungsempfängers und die wirtschaftliche Lage des Arbeitgebers zu berücksichtigen. Als Anpassungsmaßstab gilt das Minimum aus dem Anstieg des Verbraucherpreisindex für Deutschland und dem Nettolohnanstieg vergleichbarer Arbeitnehmergruppen im jeweiligen Anpassungszeitraum.

Die Anpassungspflicht gilt für alle regelmäßig wiederkehrenden Leistungen, und zwar unabhängig davon, ob sie lebenslänglich oder nur temporär gewährt werden (wie z.B. Waisenrenten).

Normadressat der Anpassungsprüfung ist allein der Arbeitgeber, auch wenn er sich zur Durchführung der betrieblichen Altersversorgung eines rechtlich selbstständigen Versorgungsträgers, z.B. einer Ukasse, bedient.

Von dieser allgemeinen Anpassungsverpflichtung kann sich der Arbeitgeber lösen, wenn er sich verpflichtet, die laufenden Leistungen jährlich um wenigstens 1 % anzupassen (gilt nur für Neuzusagen, die ab dem 1.1.1999 erteilt wurden).

Anstelle einer individuellen Ermittlung des Anpassungsbedarfs zu den jeweiligen Prüfungsterminen innerhalb eines Jahres kann sich der Arbeitgeber auch dazu entscheiden, alle in einem Jahr fälligen Anpassungstermine zusammenzufassen und die Anpassung zu einem bestimmten Zeitpunkt innerhalb oder am Ende des Jahres vorzunehmen. Bei der erstmaligen Umstellung auf dieses Verfahren ergeben sich für einzelne Leistungsempfänger längere oder kürze Anpassungszeiträume als die exakten drei Jahre.

Bei der rückgedeckten Ukasse kann die Anpassungsverpflichtung durch die Gewinnbeteiligung des Versicherers erfolgen, soweit diese hierzu ausreicht. Falls der Anpassungsbedarf durch die Gewinnbeteiligung nicht erfüllt werden kann, kann das Trägerunternehmen den fehlenden Anpassungsbedarf durch eine Einmalprämie ausfinanzieren oder im Rahmen einer ergänzenden Direktzusage (Bildung von Pensionsrückstellungen gemäß § 6a EStG) ausgleichen.

**Anmerkung:**

Die Ausfinanzierung gegen Einmalprämie kann bei einigen Versicherern eventuell nicht möglich sein, wenn der Erhöhungsbetrag als eigenständige Versicherung ab geschlossen und die Mindestversicherungsleistung nicht erreicht wird.

Bei einer Anpassung über die Gewinnbeteiligung der Rückdeckungsversicherung sollte im Leistungsplan geregelt werden, dass Überanpassungen mit Minderanpassungen verrechnet werden können.

### 100 Verjähren Versorgungsansprüche aus einer Ukasse?

Der im Rahmen der Schuldrechtsreform neu in das BetrAVG aufgenommene § 18a regelt die Verjährung von Versorgungsansprüchen. Der Anspruch auf Leistungen der betrieblichen Altersversorgung (Rentenstammrecht) verjährt wie bisher nach 30 Jahren.

Die einzelnen Rentenzahlungen sowie Anpassungsraten gemäß § 16 BetrAVG unterliegen nunmehr einer dreijährigen Verjährungsfrist (§ 195 BGB). Die Frist beginnt immer erst am Anfang des Folgejahres, in dem der Anspruch entstanden ist.

**Beispiel:**

Ein Rentenanspruch besteht seit dem 1.10.2015. Die Dreijahresfrist für die Verjährung der Renten, die von Oktober bis Dezember 2015 zu zahlen sind, beginnt am 1.1.2016 und endet am 31.12.2018. Diese Rentenraten sind in 2019 verjährt. Für die Rentenraten Januar bis Dezember 2016 beginnt die Verjährungsfrist am 1.1.2017 und endet am 31.12.2019. Diese Rentenraten sind in 2019 noch nicht verjährt. Macht ein ehemaliger Arbeitnehmer erst im Jahr 2019 seine Rentenansprüche geltend, so besteht ein Anspruch auf rückwirkende Rentenzahlungen ab dem 1.1.2017 – ggf. erhöht um eine Verzinsung.

# Anhang

## Anhang 1: Muster einer Satzung für eine Unterstützungskasse

### Satzung der xyz-Unterstützungskasse e.V.

**Übersicht**


§ 1 Name, Sitz, Geschäftsjahr

§ 2 Zweck des Vereins

§ 3 Mitgliedschaft

§ 4 Organe des Vereins

§ 5 Vorstand

§ 6 Zuständigkeit des Vorstands

§ 7 Wahl und Bestellung des Vorstands

§ 8 Zuständigkeit der Mitgliederversammlung

§ 9 Einberufung der Mitgliederversammlung

§ 10 Beschlussfassung der Mitgliederversammlung

§ 11 Beirat

§ 12 Einnahmen des Vereins

§ 13 Verwaltung der Unterstützungskasse

§ 14 Vermögen des Vereins

§ 15 Rechnungslegung

§ 16 Leistungen des Vereins

§ 17 Freiwilligkeit der Leistungen

§ 18 Satzungsänderung und Auflösung des Vereins

§ 19 Auflösung und Vermögensverwendung

§ 20 Schlussbestimmung


**Satzung**

**§ 1 Name, Sitz, Geschäftsjahr**

(1) Der Verein führt den Namen:

„xyz-Unterstützungskasse".

(2) Sitz des Vereins ist Musterstadt.

(3) Der Verein soll in das Vereinsregister beim Amtsgericht in Musterstadt eingetragen werden. Nach der Eintragung lautet der Name:

"xyz-Unterstützungskasse e.V."

(4) Geschäftsjahr des Vereins ist das Kalenderjahr.

**§ 2 Zweck des Vereins**

(1) Der Verein ist eine soziale Einrichtung.

(2) Der ausschließliche und unabänderliche Zweck des Vereins ist es, im Alter und bei Invalidität freiwillige, einmalige und laufende Unterstützungen an Mitarbeiter oder ehemalige Mitarbeiter von Unternehmen, die dem Verein die entsprechenden Mittel hierfür zur Verfügung stellen, (Trägerunternehmen) sowie beim Tode von Mitarbeitern oder ehemaligen Mitarbeitern an deren Hinterbliebenen nach Maßgabe dieser Satzung zu gewähren. Sofern beim Tod eines Versorgungsberechtigten keine Hinterbliebenenleistung fällig wird, kann innerhalb der Höchstgrenzen der §§ 2, 3 KStDV ein Sterbegeld gezahlt werden.

(3) Als Mitarbeiter eines Trägerunternehmens gelten entsprechend Personen, die nicht Arbeitnehmer sind, wenn ihnen Leistungen der Alters-, Invaliditäts- oder Hinterbliebenenversorgung aus Anlass ihrer Tätigkeit für das Trägerunternehmen in Aussicht gestellt werden (§ 17 Abs. 1 Satz 2 BetrAVG).

(4) Ein wirtschaftlicher Geschäftsbetrieb ist ausgeschlossen.

(5) Zur Wahrung des Charakters einer sozialen Einrichtung der Unterstützungskasse sind die Organe des Vereins verpflichtet, die einschlägigen steuerrechtlichen Vorschriften zu befolgen.

**§ 3 Mitgliedschaft**

(1) Mitglieder sind neben den Gründungsmitgliedern natürliche und juristische Personen, die Arbeitgeber sind und ihren Mitarbeitern über eine kongruent rückgedeckte Unterstützungskasse Leistungen der betrieblichen Altersversorgung gewähren wollen.

(2) Über den Antrag auf Aufnahme in den Verein entscheidet der Vorstand nach freiem Ermessen. Bei Ablehnung des Antrages ist der Vorstand nicht verpflichtet, die Gründe mitzuteilen.

(3) Die Mitgliedschaft endet bei Austritt, Tod oder Ausschluss aus dem Verein. Erlischt eine juristische Person infolge eines Umwandlungsvorgangs, so werden die nach dem Umwandlungsgesetz übernehmenden Rechtsträger an ihrer Stelle Mitglieder des Vereins, ohne dass es eines Aufnahmeverfahrens bedarf.

(4) Der Austritt aus dem Verein kann durch schriftliche Erklärung gegenüber dem Vorstand unter Einhaltung einer Frist von sechs Monaten zum Schluss eines jeden Geschäftsjahres erklärt werden.

(5) Ein Mitglied kann durch einstimmigen Vorstandsbeschluss aus wichtigem Grund ausgeschlossen werden.

Ein wichtiger Grund liegt u.a. dann vor, wenn das Mitglied seinen satzungsmäßigen Pflichten gegenüber dem Verein trotz schriftlicher Mahnung nicht nachkommt oder wenn es liquidiert wird.

### § 4 Organe des Vereins

Organe des Vereins sind

1. der Vorstand,
2. die Mitgliederversammlung,
3. der Beirat.

### § 5 Vorstand

(1) Der Vorstand besteht aus einer oder mehreren Personen, die auch juristische Personen sein können. Sind mehrere Vorstandsmitglieder bestellt, so bestimmt die Mitgliederversammlung ein Vorstandsmitglied als geschäftsführenden Vorstand.

(2) Der Verein wird durch den Vorstand gerichtlich und außergerichtlich vertreten. Sind mehrere Vorstandsmitglieder bestellt, ist der geschäftsführende Vorstand zur alleinigen Vertretung berechtigt, die übrigen Vorstandsmitglieder sind jeweils nur zu zweit vertretungsberechtigt.

(3) Scheidet ein Vorstandsmitglied aus dem Vorstand aus, so erfolgt durch die Mitgliederversammlung eine Nachwahl.

(4) Der Vorstand ist von den Beschränkungen des § 181 BGB befreit

(5) Die Bestellung des Vorstands sowie einzelner Vorstandsmitglieder ist jederzeit widerruflich.

### § 6 Zuständigkeit des Vorstands

Der Vorstand ist für alle Angelegenheiten des Vereins zuständig, soweit sie nicht durch die Satzung einem anderen Organ übertragen sind. Er hat insbesondere folgende Aufgaben:

- Vorbereitung und Einberufung der Mitgliederversammlung,
- Ausführung von Beschlüssen der Mitgliederversammlung,
- Buchführung, Erstellung des Jahresberichts,
- Beschlussfassung über die Aufnahme von Mitgliedern.

Der Vorstand ist berechtigt, eine Teilungsordnung zu erlassen, welche im Rahmen des Versorgungsausgleichsgesetzes die Teilung derjenigen Anwartschaften bzw. Ansprüche auf Leistungen gemäß § 16 dieser Satzung regelt, welche von den Mitarbeitern oder früheren Mitarbeitern der Trägerunternehmen in ihrer Ehezeit erworben wurden.

**§ 7 Wahl bzw. Bestellung des Vorstands**

(1) Der erste Vorstand wird durch die Gründungsversammlung auf unbestimmte Zeit bestellt. Die nachfolgenden Vorstände werden durch die Mitgliederversammlung auf die Dauer von drei Jahren gerechnet von der Wahl an gewählt. Der amtierende Vorstand bleibt jedoch bis zur Neuwahl des Vorstands im Amt. Jedes Vorstandsmitglied ist einzeln zu wählen.

(2) Scheidet ein Vorstandsmitglied aus dem Vorstand aus, so erfolgt durch die Mitgliederversammlung eine Nachwahl.

(3) Handelt es sich bei einem Vorstandsmitglied um eine juristische Person und erlischt diese in Form eines Umwandlungsvorgangs, so tritt der nach dem Umwandlungsgesetz übernehmende Rechtsträger in das Amt des erloschenen Vorstandsmitglieds ein.

**§ 8 Zuständigkeit der Mitgliederversammlung**

Die Mitgliederversammlung ist zuständig für alle Angelegenheiten des Vereins, die nicht vom Vorstand oder einem anderen Vereinsorgan zu besorgen sind. Insbesondere hat sie die folgenden Aufgaben:

- Die Mitgliederversammlung bestellt bzw. wählt den Vorstand und beschließt über seine Entlastung. Sie führt auch die Nachwahl des Vorstands durch.
- Sie beschließt über den Jahresabschluss.
- Sie beschließt insbesondere auch über Satzungsänderungen und die Auflösung des Vereins.

**§ 9 Einberufung der Mitgliederversammlung**

(1) Eine ordentliche Mitgliederversammlung findet in jedem zweiten Geschäftsjahr statt.

(2) Außerordentliche Mitgliederversammlungen finden statt, wenn dies im Interesse des Vereins erforderlich ist oder wenn die Einberufung einer derartigen Versammlung von mindestens einem Drittel der Mitglieder schriftlich unter Angabe von Gründen gefordert wird.

(3) Die Mitgliederversammlung wird vom Vorstand unter Angabe von Ort, Zeit und Tagesordnung einberufen. Die Einladung erfolgt schriftlich mindestens vier Wochen vor dem Versammlungstermin. Die Frist beginnt mit dem auf die Absendung des Schreibens folgenden Tag. Das Einladungsschreiben gilt dem Mitglied als zugegangen, wenn es an die letzte dem Verein als Kontaktadresse bekannte Anschrift gerichtet ist.

(4) Jedes Mitglied kann bis spätestens eine Woche vor einer Mitgliederversammlung schriftlich eine Ergänzung der Tagesordnung beantragen. Der Versammlungsleiter hat zu Beginn der Mitgliederversammlung die Ergänzung bekannt zu geben. Über Anträge auf Ergänzung der Tagesordnung, die in der Mitgliederversammlung gestellt werden, beschließt die Mitgliederversammlung.

### § 10 Beschlussfassung der Mitgliederversammlung

(1) Die Mitgliederversammlung ist beschlussfähig, wenn sie form- und fristgerecht einberufen worden ist.

(2) In der Mitgliederversammlung hat jedes Mitglied eine Stimme. Zur Ausübung des Stimmrechts kann ein anderes Mitglied schriftlich ermächtigt werden. Die Bevollmächtigung ist für jede Mitgliederversammlung gesondert zu erteilen; ein Mitglied darf jedoch nicht mehr als drei fremde Stimmen vertreten.

(3) Der geschäftsführende Vorstand oder ein von ihm bestimmter Versammlungsleiter leitet die Mitgliederversammlung.

(4) Die Art der Abstimmung bestimmt der Versammlungsleiter. Die Abstimmung muss schriftlich durchgeführt werden, wenn ein Drittel der erschienenen stimmberechtigten Mitglieder dies beantragt.

(5) Soweit nicht Gesetz oder Bestimmungen dieser Satzung eine andere Regelung enthalten, entscheidet die Mitgliederversammlung mit der Mehrheit der abgegebenen Stimmen. Zur Abberufung des Vorstands bedarf es einer Mehrheit von drei Viertel der abgegebenen Stimmen.

(6) Gegen Beschlüsse der Mitgliederversammlung, die den Inhalt dieser Satzung oder die Verwendung des Vermögens des Vereins betreffen, steht dem Vorstand ein Vetorecht zu.

(7) Über die Beschlüsse der Mitgliederversammlung ist eine Niederschrift aufzunehmen, die vom Versammlungsleiter und Protokollführer zu unterzeichnen ist.

### § 11 Beirat

(1) Jedes Trägerunternehmen entsendet aus dem Kreis der Mitglieder seines Betriebsrates – oder falls ein solcher nicht vorhanden ist – aus den Reihen der begünstigten Belegschaftsmitglieder einen von diesen gewählten Vertreter in den Beirat der Unterstützungskasse. Dieser Vertreter ist berechtigt, bei der Anlage und Verwaltung des auf das Trägerunternehmen entfallenden Teils des Kassenvermögens beratend mitzuwirken. Er ist insbesondere zu hören, wenn der Leistungsplan für Anwärter und Leistungsempfänger des Trägerunternehmens geändert wird.

(2) Der Beirat wählt auf die Dauer von fünf Jahren drei Beiratsvertreter, die berechtigt sind, an den Mitgliederversammlungen beratend teilzunehmen.

### § 12 Einnahmen des Vereins

(1) Die Einnahmen des Vereins bestehen aus:

freiwilligen Zuwendungen der Trägerunternehmen,

den Erträgen des Vereinsvermögens,

den Versicherungsleistungen aus den abgeschlossenen Rückdeckungsversicherungen.

Beiträge werden nicht erhoben.

(2) Der Verein erwirbt gegen ein Trägerunternehmen auch dann keinen Rechtsanspruch auf die Gewährung von Zuwendungen, wenn dieses Trägerunternehmen entsprechende Leistungen über einen längeren Zeitraum hinweg oder regelmäßig erbracht hat.

(3) Die Mitarbeiter oder früheren Zugehörigen eines Trägerunternehmens bzw. deren Angehörige dürfen zu Leistungen an den Verein weder unmittelbar noch mittelbar herangezogen werden. Bei einem Verstoß gegen diese Vorschrift kann der betreffende Mitarbeiter nicht zum Kreis der Leistungsempfänger gehören.

(4) Der Verein führt für jedes Trägerunternehmen ein getrenntes Kapitalkonto, auf dem die jeweiligen Zuwendungen und die hieraus resultierenden Erträge verbucht und aus dem die für die Leistungsanwärter und Leistungsempfänger des entsprechenden Trägerunternehmens zu erbringenden Leistungen gezahlt werden.

(5) Die Trägerunternehmen können von dem Verein keine Zuwendungen zurückfordern, soweit die künftigen Versorgungsleistungen nicht ganz oder teilweise ersatzlos entfallen. Sobald künftige Versorgungsleistungen ganz oder teilweise ersatzlos entfallen, entsteht unter der Voraussetzung, dass gemäß § 14 Abs. 1 dieser Satzung die steuerliche Zweckbindung entfällt, ein Rückforderungsrecht in Höhe der um etwaige Steuern und öffentliche Abgaben gekürzten Rückkaufs- bzw. Teilrückkaufswerte der gemäß § 14 Abs. 3 dieser Satzung abgeschlossenen Rückdeckungsversicherungen.

(6) Können aus dem der steuerlichen Zweckbindung nicht unterliegenden Vereinsvermögen nicht alle Beträge ausgezahlt werden, die nicht mehr zur Deckung künftiger Versorgungsleistungen dienen, so entstehen die Ansprüche auf Rückzahlung an die Trägerunternehmen in der Reihenfolge, in der die künftigen Versorgungsleistungen ganz oder teilweise ersatzlos entfallen sind. Ist eine Rückzahlung mangels des der steuerlichen Zweckbindung nicht unterliegenden Vermögens nicht möglich, erfolgt nach Bestimmung des betroffenen Trägerunternehmens eine Verrechnung auf künftige freiwillige Zuwendungen.

**§ 13 Verwaltung der Unterstützungskasse**

(1) Die Trägerunternehmen sind verpflichtet, die auf sie entfallenden Konzeptions- und Verwaltungskosten zu tragen.

(2) Der Vorstand kann einen Dritten (Verwaltungsgesellschaft) oder ein Trägerunternehmen mit der Durchführung der Verwaltungstätigkeit beauftragen.

### § 14 Vermögen des Vereins

(1) Die Einnahmen und das Vermögen des Vereins dürfen nur für die in § 2 der Satzung genannten Zwecke verwandt werden. Dies gilt insoweit nicht, als das Vereinsvermögen das um 25 v.H. erhöhte zulässige Kassenvermögen i.S.d. § 4d EStG übersteigt und für den übersteigenden Betrag die steuerliche Zweckbindung entfällt (§ 5 Abs. 1 Nr. 3 Buchst. c i.V.m. § 6 Abs. 6 KStG).

(2) Der Vorstand hat das Vermögen unter Beachtung der in der Satzung festgelegten Zwecke der Unterstützungskasse gewinnbringend und sicher anzulegen.

(3) Der Verein ist verpflichtet, zur Finanzierung der im individuellen Leistungsplan vorgesehenen Leistungen Rückdeckungsversicherungen abzuschließen und alle Zuwendungen des Trägerunternehmens als Prämien für Rückdeckungsversicherungen zu verwenden. Das Trägerunternehmen bestimmt die Aufteilung seiner Zuwendungen auf die jeweiligen versicherten Personen.

(4) Die aus den abgeschlossenen Rückdeckungsversicherungen erwirtschafteten Überschussanteile sind zur Erhöhung der Versicherungsleistung oder zur Anrechnung auf die Prämie zu verwenden.

(5) Die vom jeweiligen Trägerunternehmen der Unterstützungskasse erbrachten Zuwendungen bzw. die Rechte aus den nach Abs. 3 dieser Bestimmung abgeschlossenen Rückdeckungsversicherungen dürfen nicht zugunsten des Trägerunternehmens beliehen, verpfändet oder abgetreten werden.

(6) Mit Beendigung der Mitgliedschaft im Verein ist das auf das entsprechende Mitglied entfallende Vermögen (siehe § 12 Abs. 4) auf eine andere Unterstützungskasse, die die Leistungszusagen für die Mitarbeiter dieses Unternehmens übernommen hat, eine Pensionskasse oder eine Direktversicherung zu übertragen (Realteilung). Das Mitglied verpflichtet sich, die Voraussetzungen für eine solche Realteilung zu schaffen.

(7) Übersteigen im Fall des § 9 Abs. 3 Satz 2 BetrAVG die auf den Träger der Insolvenzsicherung (Pensions-Sicherungs-Verein) übergegangenen Vermögenswerte den Barwert der Ansprüche und Anwartschaften gegen den Träger der Insolvenzsicherung, so hat dieser den übersteigenden Teil zur Anpassung/Verbesserung der auf ihn übergegangenen Versorgungsverpflichtungen zu verwenden.

### § 15 Rechnungslegung

Der Vorstand hat für jedes Geschäftsjahr der dem Geschäftsjahr nächstfolgenden Mitgliederversammlung über die Einnahmen und Ausgaben des Vereins sowie gegenüber den einzelnen Trägerunternehmen über die Entwicklung ihrer Kapitalkonten Rechnung zu legen.

### § 16 Leistungen des Vereins

(1) Der Verein kann Alters-, Invaliden- und Hinterbliebenenleistungen gewähren. Die Leistungen sind in jedem Fall auf den Umfang beschränkt, indem dem Verein

Leistungen aus den abgeschlossenen Rückdeckungsversicherungen nach Abzug etwaiger Steuern und Abgaben zustehen.

(2) Werden derartige Leistungen gewährt, so sind die steuerlich maßgeblichen Höchstgrenzen (§ 5 Abs. 1 Nr. 3 KStG i.V.m. §§ 2 und 3 Nr. 3 KStDV) – bezogen auf den Verein – zwingend zu beachten. Über- bzw. Unterschreitungen, die sich entgegen dieser Bestimmung aus Leistungsplänen ergeben, sind dem Verein gegenüber unwirksam.

(3) Die zu gewährenden Alters-, Invaliden- und Hinterbliebenenleistungen richten sich nach einem Leistungsplan, der vom Verein mit jedem einzelnen Trägerunternehmen vereinbart wird.

(4) Leistungsansprüche gegen die Unterstützungskasse dürfen von den Leistungsanwärtern nicht abgetreten oder verpfändet werden.

(5) Soweit über den Verein Gesellschafter eines Trägerunternehmens bzw. der Unternehmer oder deren Angehörige versorgt werden sollen, ist dies nur zulässig, wenn sichergestellt wird, dass sich die Mehrzahl der über den Verein begünstigten Personen nicht auf diese Personengruppe (Unternehmer, Gesellschafter und deren Angehörige) erstreckt (§ 1 Nr. 1 KStDV) und diese Personengruppe bei der Bemessung der Leistungen nicht einseitig bevorzugt wird (Abschn. 6 Abs. 4 KStR).

(6) Stellt ein Trägerunternehmen die für die Leistungen an die Mitarbeiter oder früheren Mitarbeiter des Trägerunternehmens oder deren Angehörige erforderlichen Mittel dem Verein nicht bzw. nicht mehr zur Verfügung, so wird der Verein – soweit das dem betroffenen Trägerunternehmen nach § 12 Abs. 4 zugeordnete Kapitalkonto nicht ausreicht – die Leistungen entsprechend kürzen oder einstellen.

### § 17 Freiwilligkeit der Leistungen

(1) Die Leistungsanwärter und Leistungsempfänger haben keinen Rechtsanspruch auf Leistungen des Vereins. Auch durch wiederholte oder regelmäßige Zahlungen von Alters-, Invaliden- oder Hinterbliebenenleistungen und anderen Unterstützungen kann weder ein Rechtsanspruch gegen den Verein noch gegen dessen Vorstand begründet werden. Alle Zahlungen erfolgen freiwillig und mit der Möglichkeit des jederzeitigen Widerrufs.

(2) Die Trägerunternehmen sind verpflichtet, die Leistungsanwärter über die Freiwilligkeit der Leistungen in Schrift- oder Textform zu informieren. Die Unterstützungskasse kann verlangen, dass ihr die Information nachgewiesen wird.

### § 18 Satzungsänderung und Auflösung des Vereins

(1) Über Satzungsänderungen und die Auflösung des Vereins beschließt die Mitgliederversammlung mit einer 3/4-Mehrheit.

Gegen die Stimmen einer Mehrheit der an der Mitgliederversammlung teilnehmenden bzw. durch einen Bevollmächtigten vertretenen Gründungsmitglieder ist jedoch eine Satzungsänderung oder die Auflösung des Vereins nicht möglich.

(2) Ein Auflösungsgrund ist außer in den durch Gesetz geregelten Fällen gegeben, wenn sich die steuerlichen Rahmenbedingungen derart ändern, dass die mit dem Gegenstand des Vereins verfolgten Ziele nicht mehr sinnvoll erreichbar sind.

**§ 19 Auflösung und Vermögensverwendung**

(1) Im Falle der Auflösung des Vereins erfolgt die Liquidation durch den Vorstand als Liquidator. Die Mitgliederversammlung ist berechtigt, die Durchführung der Liquidation anderen Personen zu übertragen.

(2) Im Falle der Auflösung des Vereins ist das Vereinsvermögen – soweit es nicht der steuerlichen Zweckbindung unterliegt – gemäß § 2 dieser Satzung nach einem vom Liquidator aufzustellenden Plan zu verteilen.

(3) Der Verteilung des Vereinsvermögens auf die Begünstigten i.S.v. Abs. 2 dieser Bestimmung steht es gleich, wenn der Verein unter Wahrung steuerrechtlicher Bestimmungen in eine andere Rechtsform derselben Zweckbestimmung bzw. in eine Pensionskasse überführt oder zugunsten der Begünstigten ein Direktversicherungsvertrag abgeschlossen wird.

Eine Rückübertragung des Vereinsvermögens auf das Trägerunternehmen ist dann möglich, wenn das Trägerunternehmen die von der Unterstützungskasse erteilten Versorgungszusagen in vollem Umfang übernimmt.

(4) Jeder Beschluss des Liquidators über die Verwendung des Vereinsvermögens darf erst nach Zustimmung durch das zuständige Finanzamt durchgeführt werden.

**§ 20 Schlussbestimmung**

Sollten einzelne Bestimmungen dieser Satzung, gleich aus welchem Grunde, ganz oder teilweise unwirksam oder nichtig sein, so wird die Gültigkeit der Satzung im Übrigen hierdurch nicht berührt. An die Stelle der ungültigen oder nichtigen Bestimmung tritt eine solche, die dem erstrebten Sinn und Zweck der ungültigen oder nichtigen Bestimmung am nächsten kommt.

## Anhang 2: Muster eines Gründungsprotokolls

**Protokoll über die Gründung des Vereins xyz-Unterstützungskasse**

Am 29. 5. 2017 fanden sich zur Beschlussfassung über die Gründung des Vereins „xyz-Unterstützungskasse“ in den Räumen der Firma Musterfirma, Musterstr., 12345 Musterstadt, folgende Personen ein:

Herr Fritz Müller, Odenwaldstr. 127, 12345 Musterstadt

Herr Willi Wacker, Am Lerchenberg 5, 12345 Musterstadt

Herr Egon Schmitz, Schlossallee 4, 12345 Musterstadt

Herr Dr. Gottfried Meyer, Donatusstr. 6, 12345 Musterstadt

handelnd als zur alleinigen Vertretung berechtigt für die im Handelsregister des Amtsgerichts Musterstadt unter HRB 5678 eingetragene Musterfirma GmbH,

Herr Bernhard Ringel, Neustr. 10–14, 12345 Musterstadt

Herr Werner Hewel, Ruschengraben 135, 12345 Musterstadt

handelnd als zur alleinigen Vertretung berechtigt für die im Handelsregister des Amtsgerichts Musterstadt unter HRB 2345 eingetragene Muster GmbH,

Herr Gerd Schwandt, Markusstr. 17, 12345 Musterstadt

Daneben war Herr Oskar Förster, Geschäftsführer der ABC Beratungs-GmbH, Dorfhausen, als Gast anwesend.

Zunächst wählten die zur Beschlussfassung Anwesenden Herrn Fritz Müller einstimmig zum Versammlungsleiter und Herrn Bernhard Ringel zum Protokollführer.

Herr Müller gab sodann folgende Tagungsordnung bekannt:

- Beratung und Feststellung der Vereinssatzung und Anmeldung zum Vereinsregister
- Bestellung des Vorstandes.

Gegen die vorgeschlagene Tagesordnung erhob sich kein Widerspruch.

Der Versammlungsleiter erläuterte daraufhin die Satzung und eröffnete die Aussprache hierüber.

Die Anwesenden fassten sodann einstimmig durch Handzeichen folgenden Beschluss:

den Verein „xyz-Unterstützungskasse“ zu gründen und ihm die vorliegende Satzung, die wesentlicher Bestandteil des Protokolls ist, zu geben.

Die Anwesenden erklärten, dass sie dem Verein beitreten wollen und unterzeichneten die Satzung.

Die Mitglieder beschlossen weiterhin, dass der Verein ins Vereinsregister eingetragen werden soll.

Anschließend wurde die Bestellung des Vorstands vorgenommen. Mit den Stimmen aller Vereinsmitglieder wurde die ABC Beratungs-GmbH zum geschäftsführenden Vorstand des Vereins und die Herren Schmitz und Ringel zu einfachen Vorstandsmitgliedern bestellt. Herr Förster, als Geschäftsführer der ABC Beratungs-GmbH, sowie die Herren Schmitz und Ringel erklärten die Annahme der Vorstandsbestellung.

Nachdem weitere Wortmeldungen nicht vorlagen, schloss Herr Müller die Sitzung.

Musterstadt, xx.xx.xxxx

______________________________

Protokollführer

Unterschriften aller Gründungsmitglieder

## Anhang 3: Muster einer Beitrittserklärung

An den

Vorstand der

xyz-Unterstützungskasse e.V.

c/o ABC Beratungs-GmbH

**Beitrittserklärung**

Hiermit beantragen wir die Aufnahme als Mitglied (Trägerunternehmen) in die xyz-Unterstützungskasse e.V.

Wir beabsichtigen, mit Wirkung vom .................... die betriebliche Altersversorgung in unserem Unternehmen über die Unterstützungskasse nach Maßgabe ihrer Satzung durchzuführen.

Die Satzung der Unterstützungskasse ist uns bekannt und wir erkennen sie für uns als verbindlich an.

In Abstimmung mit der zuständigen Arbeitnehmervertretung entsenden wir

Herrn/Frau ______________________________________

als Vertreter der Leistungsanwärter und -empfänger unseres Trägerunternehmens in den Beirat gemäß § 8 der Satzung.

Wir beauftragen Sie mit der Erstellung eines ausführlichen Leistungsplans. Eine Aufstellung der persönlichen Daten der begünstigten Mitarbeiter liegt ebenfalls bei/werden wir noch nachreichen.

Uns ist bekannt, dass die Unterstützungskasse satzungsgemäß verpflichtet ist, zur Absicherung der zugesagten Leistungen kongruente Rückdeckungsversicherungen abzuschließen.

Wir werden der Unterstützungskasse die für diese Versicherungen aufzubringenden Prämien zuwenden. Falls sich im Falle des vorzeitigen Ausscheidens eines Mitarbeiters, bei Inanspruchnahme der flexiblen Altersgrenze durch den Mitarbeiter oder bei von der Fälligkeit der Rückdeckungsversicherung abweichendem Leistungsbeginn eine Finanzierungslücke ergeben sollte, werden wir in Abstimmung mit der Unterstützungskasse für Abhilfe sorgen. Uns ist bekannt, dass es dadurch u.U. zu einer zusätzlichen Prämienbelastung für uns kommen kann.

Wir erklären weiter, dass wir in die Leistungserbringung gemäß Leistungsplan eintreten werden, soweit die Unterstützungskasse die Zahlung an die Leistungsempfänger mangels ausreichender Dotierung durch uns kürzt oder einstellt. Wir werden bei der Durchführung der betrieblichen Altersversorgung das Betriebsverfassungsgesetz beachten und die Mitbestimmungsrechte des Betriebsrates wahren.

Gleichzeitig versichern wir, dass die Leistungsanwärter und -empfänger sich in ihrer Mehrzahl nicht aus dem Unternehmer bzw. den Gesellschaftern oder dessen bzw. deren Angehörigen zusammensetzen und diese auch nicht bei der Leistungshöhe einseitig bevorzugt werden. Wir wissen, dass dies eine zwingend notwendige Voraussetzung u.a. für die Befreiung der Unterstützungskasse von der Körperschaftsteuer darstellt. Wir wissen ferner, dass ein Verstoß gegen die Bestimmung zu erheblichen finanziellen Schäden führen kann. (Anmerkung: Dieser Passus kann bei einer Gruppenunterstützungskasse entfallen.)

Wir verpflichten uns weiterhin, der Unterstützungskasse bzw. der von ihr beauftragten Verwaltungsgesellschaft die Konzeptions- und Verwaltungskosten des Versorgungswerkes zu erstatten.

Mit freundlichen Grüßen

Musterfirma GmbH

Musterstr. 12

12345 Musterstadt

## Anhang 4: Muster einer Erklärung für Lebensgefährten

Leistungsplan der ……….. Unterstützungskasse e.V.

Erklärungen zur Benennung des Begünstigten der Hinterbliebenenversorgung

(Dieses Formular ist nur bei eheähnlichen Lebensgemeinschaften und eingetragenen Lebenspartnerschaften zu benutzen. Angaben bitte immer in Druckbuchstaben!)

Für die Hinterbliebenenleistung aus der Versorgung nach dem oben genannten Leistungsplan

für Herrn/Frau ______________________________

geboren am: ______________________________

Personalnummer: ______________________________

Anschrift: ______________________________

______________________________

______________________________

soll die/der nachfolgend genannte Lebensgefährtin/Lebensgefährte bezugsberechtigt sein:

Herr/Frau ______________________________ (Lebensgefährte/-gefährtin)

Geboren am: ______________________________

Anschrift: ______________________________

______________________________

______________________________

Der versorgungsberechtigte Mitarbeiter versichert zudem hiermit gegenüber der ________________________ (Firma), dass er mit dem/der benannten Lebensgefährten/-gefährtin an einem gemeinsamen Wohnsitz zusammen lebt und dass sie einen gemeinsamen Haushalt führen. Er verpflichtet sich, die Firma unverzüglich schriftlich zu unterrichten, sobald sich diesbezüglich eine Änderung ergibt.

______________, den ____________ ________________________________

Ort, Datum Versorgungsberechtigter Mitarbeiter

Ich bestätige hiermit die vorstehend abgegebene Verpflichtung und die Kenntnisnahme der mir in Aussicht gestellten Versorgungsleistung.

_______________, den ______________ ____________________________________

Ort, Datum Begünstigte(r) Lebensgefährte/-gefährtin

## Anhang 5: Auszug aus dem Einkommensteuergesetz (EStG)

Stand vom 15. 8. 2017

### § 4d Zuwendungen an Unterstützungskassen

(1) Zuwendungen an eine Unterstützungskasse dürfen von dem Unternehmen, das die Zuwendungen leistet (Trägerunternehmen), als Betriebsausgaben abgezogen werden, soweit die Leistungen der Kasse, wenn sie vom Trägerunternehmen unmittelbar erbracht würden, bei diesem betrieblich veranlasst wären und sie die folgenden Beträge nicht übersteigen:

1. bei Unterstützungskassen, die lebenslänglich laufende Leistungen gewähren:

a) das Deckungskapital für die laufenden Leistungen nach der dem Gesetz als Anlage 1 beigefügten Tabelle. Leistungsempfänger ist jeder ehemalige Arbeitnehmer des Trägerunternehmens, der von der Unterstützungskasse Leistungen erhält; soweit die Kasse Hinterbliebenenversorgung gewährt, ist Leistungsempfänger der Hinterbliebene eines ehemaligen Arbeitnehmers des Trägerunternehmens, der von der Kasse Leistungen erhält. Dem ehemaligen Arbeitnehmer stehen andere Personen gleich, denen Leistungen der Alters-, Invaliditäts- oder Hinterbliebenenversorgung aus Anlass ihrer ehemaligen Tätigkeit für das Trägerunternehmen zugesagt worden sind;

b) in jedem Wirtschaftsjahr für jeden Leistungsanwärter,

aa) wenn die Kasse nur Invaliditätsversorgung oder nur Hinterbliebenenversorgung gewährt, jeweils 6 Prozent,

bb) wenn die Kasse Altersversorgung mit oder ohne Einschluss von Invaliditätsversorgung oder Hinterbliebenenversorgung gewährt, 25 Prozent der jährlichen Versorgungsleistungen, die der Leistungsanwärter oder, wenn nur Hinterbliebenenversorgung gewährt wird, dessen Hinterbliebene nach den Verhältnissen am Schluss des Wirtschaftsjahres der Zuwendung im letzten Zeitpunkt der Anwartschaft, spätestens zum Zeitpunkt des Erreichens der Regelaltersgrenze der gesetzlichen Rentenversicherung erhalten können. Leistungsanwärter ist jeder Arbeitnehmer oder ehemalige Arbeitnehmer des Trägerunternehmens, der von der Unterstützungskasse schriftlich zugesagte Leistungen erhalten kann und am Schluss des Wirtschaftsjahres, in dem die Zuwendung erfolgt,

aa) bei erstmals nach dem 31. Dezember 2017 zugesagten Leistungen das 23. Lebensjahr vollendet hat,

bb) bei erstmals nach dem 31. Dezember 2008 zugesagten Leistungen das 27. Lebensjahr vollendet hat oder

cc) bei erstmals vor dem 1. Januar 2009 zugesagten Leistungen das 28. Lebensjahr vollendet hat;

soweit die Kasse nur Hinterbliebenenversorgung gewährt, gilt als Leistungsanwärter jeder Arbeitnehmer oder ehemalige Arbeitnehmer des Trägerunternehmens, der am Schluss des Wirtschaftsjahres, in dem die Zuwendung erfolgt, das nach dem ersten Halbsatz maßgebende Lebensjahr vollendet hat und dessen Hinterbliebene die Hinterbliebenenversorgung erhalten können. Das Trägerunternehmen kann bei der Berechnung nach Satz 1 statt des dort maßgebenden Betrages den Durchschnittsbetrag der von der Kasse im Wirtschaftsjahr an Leistungsempfänger im Sinne des Buchstabens a Satz 2 gewährten Leistungen zugrunde legen. In diesem Fall sind Leistungsanwärter im Sinne des Satzes 2 nur die Arbeitnehmer oder ehemaligen Arbeitnehmer des Trägerunternehmens, die am Schluss des Wirtschaftsjahres, in dem die Zuwendung erfolgt, das 50. Lebensjahr vollendet haben. Dem Arbeitnehmer oder ehemaligen Arbeitnehmer als Leistungsanwärter stehen andere Personen gleich, denen schriftlich Leistungen der Alters-, Invaliditäts- oder Hinterbliebenenversorgung aus Anlass ihrer Tätigkeit für das Trägerunternehmen zugesagt worden sind;

c) den Betrag des Beitrages, den die Kasse an einen Versicherer zahlt, soweit sie sich die Mittel für ihre Versorgungsleistungen, die der Leistungsanwärter oder Leistungsempfänger nach den Verhältnissen am Schluss des Wirtschaftsjahres der Zuwendung erhalten kann, durch Abschluss einer Versicherung verschafft. Bei Versicherungen für einen Leistungsanwärter ist der Abzug des Beitrages nur zulässig, wenn der Leistungsanwärter die in Buchstabe b Satz 2 und 5 genannten Voraussetzungen erfüllt, die Versicherung für die Dauer bis zu dem Zeitpunkt abgeschlossen ist, für den erstmals Leistungen der Altersversorgung vorgesehen sind, mindestens jedoch bis zu dem Zeitpunkt, an dem der Leistungsanwärter das 55. Lebensjahr vollendet hat, und während dieser Zeit jährlich Beiträge gezahlt werden, die der Höhe nach gleich bleiben oder steigen. Das Gleiche gilt für Leistungsanwärter, die das nach Buchstabe b Satz 2 jeweils maßgebende Lebensjahr noch nicht vollendet haben, für Leistungen der Invaliditäts- oder Hinterbliebenenversorgung, für Leistungen der Altersversorgung unter der Voraussetzung, dass die Leistungsanwartschaft bereits unverfallbar ist. Ein Abzug ist ausgeschlossen, wenn die Ansprüche aus der Versicherung der Sicherung eines Darlehens dienen. Liegen die Voraussetzungen der Sätze 1 bis 4 vor, sind die Zuwendungen nach den Buchstaben a und b in dem Verhältnis zu vermindern, in dem die Leistungen der Kasse durch die Versicherung gedeckt sind;

d) den Betrag, den die Kasse einem Leistungsanwärter im Sinne des Buchstabens b Satz 2 und 5 vor Eintritt des Versorgungsfalls als Abfindung für künftige Versorgungsleistungen gewährt, den Übertragungswert nach § 4 Abs. 5 des Betriebsrentengesetzes oder den Betrag, den sie an einen anderen Versorgungsträger zahlt, der eine ihr obliegende Versorgungsverpflichtung übernommen hat.

Zuwendungen dürfen nicht als Betriebsausgaben abgezogen werden, wenn das Vermögen der Kasse ohne Berücksichtigung künftiger Versorgungsleistungen am Schluss des Wirtschaftsjahres das zulässige Kassenvermögen übersteigt. Bei der Ermittlung des Vermögens der Kasse ist am Schluss des Wirtschaftsjahres vorhandener Grundbesitz mit 200 Prozent der Einheitswerte anzusetzen, die zu dem Feststellungszeitpunkt maßgebend sind, der dem Schluss des Wirtschaftsjahres folgt; Ansprüche aus einer Versicherung sind mit dem Wert des geschäftsplanmäßigen Deckungskapitals zuzüglich der Guthaben aus Beitragsrückerstattung am Schluss des Wirtschaftsjahres anzusetzen, und das übrige Vermögen ist mit dem gemeinen Wert am Schluss des Wirtschaftsjahres zu bewerten. Zulässiges Kassenvermögen ist die Summe aus dem

Deckungskapital für alle am Schluss des Wirtschaftsjahres laufenden Leistungen nach der dem Gesetz als Anlage 1 beigefügten Tabelle für Leistungsempfänger im Sinne des Satzes 1 Buchstabe a und dem Achtfachen der nach Satz 1 Buchstabe b abzugsfähigen Zuwendungen. Soweit sich die Kasse die Mittel für ihre Leistungen durch Abschluss einer Versicherung verschafft, ist, wenn die Voraussetzungen für den Abzug des Beitrages nach Satz 1 Buchstabe c erfüllt sind, zulässiges Kassenvermögen der Wert des geschäftsplanmäßigen Deckungskapitals aus der Versicherung am Schluss des Wirtschaftsjahres; in diesem Fall ist das zulässige Kassenvermögen nach Satz 4 in dem Verhältnis zu vermindern, in dem die Leistungen der Kasse durch die Versicherung gedeckt sind. Soweit die Berechnung des Deckungskapitals nicht zum Geschäftsplan gehört, tritt an die Stelle des geschäftsplanmäßigen Deckungskapitals der nach § 188 Absatz 3 und 4 des Versicherungsvertragsgesetzes berechnete Zeitwert, beim zulässigen Kassenvermögen ohne Berücksichtigung des Guthabens aus Beitragsrückerstattung. Gewährt eine Unterstützungskasse an Stelle von lebenslänglich laufenden Leistungen eine einmalige Kapitalleistung, so gelten 10 Prozent der Kapitalleistung als Jahresbetrag einer lebenslänglich laufenden Leistung;

2. bei Kassen, die keine lebenslänglich laufenden Leistungen gewähren, für jedes Wirtschaftsjahr 0,2 Prozent der Lohn- und Gehaltssumme des Trägerunternehmens, mindestens jedoch den Betrag der von der Kasse in einem Wirtschaftsjahr erbrachten Leistungen, soweit dieser Betrag höher ist als die in den vorangegangenen fünf Wirtschaftsjahren vorgenommenen Zuwendungen abzüglich der in dem gleichen Zeitraum erbrachten Leistungen. Diese Zuwendungen dürfen nicht als Betriebsausgaben abgezogen werden, wenn das Vermögen der Kasse am Schluss des Wirtschaftsjahres das zulässige Kassenvermögen übersteigt. Als zulässiges Kassenvermögen kann 1 Prozent der durchschnittlichen Lohn- und Gehaltssumme der letzten drei Jahre angesetzt werden. Hat die Kasse bereits zehn Wirtschaftsjahre bestanden, darf das zulässige Kassenvermögen zusätzlich die Summe der in den letzten zehn Wirtschaftsjahren gewährten Leistungen nicht übersteigen. Für die Bewertung des Vermögens der Kasse gilt Nummer 1 Satz 3 entsprechend. Bei der Berechnung der Lohn- und Gehaltssumme des Trägerunternehmens sind Löhne und Gehälter von Personen, die von der Kasse keine nicht lebenslänglich laufenden Leistungen erhalten können, auszuscheiden.

Gewährt eine Kasse lebenslänglich laufende und nicht lebenslänglich laufende Leistungen, so gilt Satz 1 Nr. 1 und 2 nebeneinander. [3] Leistet ein Trägerunternehmen Zuwendungen an mehrere Unterstützungskassen, so sind diese Kassen bei der Anwendung der Nummern 1 und 2 als Einheit zu behandeln.

(2) Zuwendungen im Sinne des Absatzes 1 sind von dem Trägerunternehmen in dem Wirtschaftsjahr als Betriebsausgaben abzuziehen, in dem sie geleistet werden. Zuwendungen, die bis zum Ablauf eines Monats nach Aufstellung oder Feststellung der Bilanz des Trägerunternehmens für den Schluss eines Wirtschaftsjahres geleistet werden, können von dem Trägerunternehmen noch für das abgelaufene Wirtschaftsjahr durch eine Rückstellung gewinnmindernd berücksichtigt werden. Übersteigen die in einem Wirtschaftsjahr geleisteten Zuwendungen die nach Absatz 1 abzugsfähigen Beträge, so können die übersteigenden Beträge im Wege der Rechnungsabgrenzung auf

die folgenden drei Wirtschaftsjahre vorgetragen und im Rahmen der für diese Wirtschaftsjahre abzugsfähigen Beträge als Betriebsausgaben behandelt werden. § 5 Abs. 1 Satz 2 ist nicht anzuwenden.

(3) Abweichend von Absatz 1 Satz 1 Nr. 1 Satz 1 Buchstabe d und Absatz 2 können auf Antrag die insgesamt erforderlichen Zuwendungen an die Unterstützungskasse für den Betrag, den die Kasse an einen Pensionsfonds zahlt, der eine ihr obliegende Versorgungsverpflichtung ganz oder teilweise übernommen hat, nicht im Wirtschaftsjahr der Zuwendung, sondern erst in den dem Wirtschaftsjahr der Zuwendung folgenden zehn Wirtschaftsjahren gleichmäßig verteilt als Betriebsausgaben abgezogen werden. Der Antrag ist unwiderruflich; der jeweilige Rechtsnachfolger ist an den Antrag gebunden.

## Anlage 1 zu § 4d Abs. 1 EStG

| Erreichtes Alter des Leistungsempfängers (Jahre) | Die Jahresbeträge der laufenden Leistungen sind zu vervielfachen bei Leistungen | |
|---|---|---|
| | an männliche Leistungsempfänger mit | an weibliche Leistungsempfänger mit |
| 1 | 2 | 3 |
| bis 26 | 11 | 17 |
| 27 bis 29 | 12 | 17 |
| 30 | 13 | 17 |
| 31 bis 35 | 13 | 16 |
| 36 bis 39 | 14 | 16 |
| 40 bis 46 | 14 | 15 |
| 47 und 48 | 14 | 14 |
| 49 bis 52 | 13 | 14 |
| 53 bis 56 | 13 | 13 |
| 57 und 58 | 13 | 12 |
| 59 und 60 | 12 | 12 |
| 61 bis 63 | 12 | 11 |
| 64 | 11 | 11 |
| 65 bis 67 | 11 | 10 |
| 68 bis 71 | 10 | 9 |
| 72 bis 74 | 9 | 8 |
| 75 bis 77 | 8 | 7 |
| 78 | 8 | 6 |
| 79 bis 81 | 7 | 6 |
| 82 bis 84 | 6 | 5 |

| Erreichtes Alter des Leistungsempfängers (Jahre) | Die Jahresbeträge der laufenden Leistungen sind zu vervielfachen bei Leistungen | |
|---|---|---|
| | an männliche Leistungsempfänger mit | an weibliche Leistungsempfänger mit |
| 1 | 2 | 3 |
| 85 bis 87 | 5 | 4 |
| 88 | 4 | 4 |
| 89 und 90 | 4 | 3 |
| 91 bis 93 | 3 | 3 |
| 94 | 3 | 2 |
| 95 und älter | 2 | 2 |

*Tabelle für die Errechnung des Deckungskapitals für lebenslänglich laufende Leistungen von Unterstützungskassen*

## § 19 Nichtselbständige Arbeit

Zu den Einkünften aus nichtselbständiger Arbeit gehören

1. Gehälter, Löhne, Gratifikationen, Tantiemen und andere Bezüge und Vorteile für eine Beschäftigung im öffentlichen oder privaten Dienst;

2. Wartegelder, Ruhegelder, Witwen- und Waisengelder und andere Bezüge und Vorteile aus früheren Dienstleistungen,

3. laufende Beiträge und laufende Zuwendungen des Arbeitgebers aus einem bestehenden Dienstverhältnis an einen Pensionsfonds, eine Pensionskasse oder für eine Direktversicherung für eine betriebliche Altersversorgung.

Es ist gleichgültig, ob es sich um laufende oder um einmalige Bezüge handelt und ob ein Rechtsanspruch auf sie besteht.

(2) Von Versorgungsbezügen bleiben ein nach einem Prozentsatz ermittelter, auf einen Höchstbetrag begrenzter Betrag (Versorgungsfreibetrag) und ein Zuschlag zum Versorgungsfreibetrag steuerfrei. Versorgungsbezüge sind

1. das Ruhegehalt, Witwen- oder Waisengeld, der Unterhaltsbeitrag oder ein gleichartiger Bezug

a) auf Grund beamtenrechtlicher oder entsprechender gesetzlicher Vorschriften,

b) nach beamtenrechtlichen Grundsätzen von Körperschaften, Anstalten oder Stiftungen des öffentlichen Rechts oder öffentlich-rechtlichen Verbänden von Körperschaften

oder

2. in anderen Fällen Bezüge und Vorteile aus früheren Dienstleistungen wegen Erreichens einer Altersgrenze, verminderter Erwerbsfähigkeit oder Hinterbliebenenbe-

züge; Bezüge wegen Erreichens einer Altersgrenze gelten erst dann als Versorgungsbezüge, wenn der Steuerpflichtige das 63. Lebensjahr oder, wenn er schwerbehindert ist, das 60. Lebensjahr vollendet hat.

Der maßgebende Prozentsatz, der Höchstbetrag des Versorgungsfreibetrags und der Zuschlag zum Versorgungsfreibetrag sind der nachstehenden Tabelle zu entnehmen:

| **Jahr des Versorgungsbeginns** | **Versorgungsfreibetrag** | | **Zuschlag zum Versorgungsfreibetrag in Euro** |
|---|---|---|---|
| | **in % der Versorgungsbezüge** | **Höchstbetrag in Euro** | |
| **bis 2005** | 40,0 | 3 000 | 900 |
| **ab 2006** | 38,4 | 2 880 | 864 |
| **2007** | 36,8 | 2 760 | 828 |
| **2008** | 35,2 | 2 640 | 792 |
| **2009** | 33,6 | 2 520 | 756 |
| **2010** | 32,0 | 2 400 | 720 |
| **2011** | 30,4 | 2 280 | 684 |
| **2012** | 28,8 | 2.160 | 648 |
| **2013** | 27,2 | 2.040 | 612 |
| **2014** | 25,6 | 1.920 | 576 |
| **2015** | 24,0 | 1.800 | 540 |
| **2016** | 22,4 | 1.680 | 504 |
| **2017** | 20,8 | 1.560 | 468 |
| **2018** | 19,2 | 1.440 | 432 |
| **2019** | 17,6 | 1.320 | 396 |
| **2020** | 16,0 | 1.200 | 360 |
| **2021** | 15,2 | 1.140 | 342 |
| **2022** | 14,4 | 1.080 | 324 |
| **2023** | 13,6 | 1.020 | 306 |
| **2024** | 12,8 | 960 | 288 |
| **2025** | 12,0 | 900 | 270 |
| **2026** | 11,2 | 840 | 252 |
| **2027** | 10,4 | 780 | 234 |
| **2028** | 9,6 | 720 | 216 |
| **2029** | 8,8 | 660 | 198 |
| **2030** | 8,0 | 600 | 180 |
| **2031** | 7,2 | 540 | 162 |

| Jahr des Versorgungs-beginns | Versorgungsfreibetrag | | Zuschlag zum Versorgungs-freibetrag in Euro |
|---|---|---|---|
| | in % der Versorgungs-bezüge | Höchst-betrag in Euro | |
| **2032** | 6,4 | 480 | 144 |
| **2033** | 5,6 | 420 | 126 |
| **2034** | 4,8 | 360 | 108 |
| **2035** | 4,0 | 300 | 90 |
| **2036** | 3,2 | 240 | 72 |
| **2037** | 2,4 | 180 | 54 |
| **2038** | 1,6 | 120 | 36 |
| **2039** | 0,8 | 60 | 18 |
| **2040** | 0,0 | 0 | 0 |

Bemessungsgrundlage für den Versorgungsfreibetrag ist

a) bei Versorgungsbeginn vor 2005

das Zwölffache des Versorgungsbezugs für Januar 2005,

b) bei Versorgungsbeginn ab 2005

das Zwölffache des Versorgungsbezugs für den ersten vollen Monat,

jeweils zuzüglich voraussichtlicher Sonderzahlungen im Kalenderjahr, auf die zu diesem Zeitpunkt ein Rechtsanspruch besteht. Der Zuschlag zum Versorgungsfreibetrag darf nur bis zur Höhe der um den Versorgungsfreibetrag geminderten Bemessungsgrundlage berücksichtigt werden. Bei mehreren Versorgungsbezügen mit unterschiedlichem Bezugsbeginn bestimmen sich der insgesamt berücksichtigungsfähige Höchstbetrag des Versorgungsfreibetrags und der Zuschlag zum Versorgungsfreibetrag nach dem Jahr des Beginns des ersten Versorgungsbezugs. Folgt ein Hinterbliebenenbezug einem Versorgungsbezug, bestimmen sich der Prozentsatz, der Höchstbetrag des Versorgungsfreibetrags und der Zuschlag zum Versorgungsfreibetrag für den Hinterbliebenenbezug nach dem Jahr des Beginns des Versorgungsbezugs. Der nach den Sätzen 3 bis 7 berechnete Versorgungsfreibetrag und Zuschlag zum Versorgungsfreibetrag gelten für die gesamte Laufzeit des Versorgungsbezugs. Regelmäßige Anpassungen des Versorgungsbezugs führen nicht zu einer Neuberechnung. Abweichend hiervon sind der Versorgungsfreibetrag und der Zuschlag zum Versorgungsfreibetrag neu zu berechnen, wenn sich der Versorgungsbezug wegen Anwendung von Anrechnungs-, Ruhens-, Erhöhungs- oder Kürzungsregelungen erhöht oder vermindert. In diesen Fällen sind die Sätze 3 bis 7 mit dem geänderten Versorgungsbezug als Bemessungsgrundlage im Sinne des Satzes 4 anzuwenden; im Kalenderjahr der Änderung sind der höchste Versorgungsfreibetrag und Zuschlag zum Versorgungsfreibetrag maßgebend. Für jeden vollen Kalendermonat, für den keine

Versorgungsbezüge gezahlt werden, ermäßigen sich der Versorgungsfreibetrag und der Zuschlag zum Versorgungsfreibetrag in diesem Kalenderjahr um je ein Zwölftel.

## Anhang 6: Auszug aus den Einkommensteuer-Richtlinien (EStR)

Stand vom 15. 8. 2017

### Zu § 4d EStG

### R 4d. Zuwendungen an Unterstützungskassen

#### Unterstützungskasse

(1) Für die Höhe der abziehbaren Zuwendungen an die Unterstützungskasse kommt es nicht darauf an, ob die Kasse von der Körperschaftsteuer befreit ist oder nicht. Wegen der Zuwendungen an Unterstützungskassen bei Bildung von Pensionsrückstellungen für die gleichen Versorgungsleistungen an denselben Empfängerkreis > R 6a Abs. 15.

#### Leistungsarten

(2) Bei den von der Kasse aus Anlass einer Tätigkeit für das Trägerunternehmen erbrachten Leistungen muss es sich um Leistungen der Alters-, Invaliditäts- oder Hinterbliebenenversorgung oder um Leistungen bei Arbeitslosigkeit oder zur Hilfe in sonstigen Notlagen handeln. Für die Frage, ob Leistungen der betrieblichen Altersversorgung vorliegen, ist ausschließlich § 1 BetrAVG maßgebend. Werden Leistungen in Aussicht gestellt, die mit denen einer Kapitallebensversicherung mit steigender Todesfallleistung vergleichbar sind, müssen diese nicht die in den LStR geforderten Voraussetzungen an den Mindesttodesfallschutz erfüllen. Der Bezug von Leistungen der Altersversorgung setzt mindestens die Vollendung des 60. Lebensjahres voraus; nur in berufsspezifischen Ausnahmefällen kann eine niedrigere Altersgrenze zwischen 55 und 60 in Betracht kommen. Für Zusagen, die nach 31. 12. 2011 erteilt werden, tritt an die Stelle des 60. Lebensjahres regelmäßig das 62. Lebensjahr. Für andere als die vorgenannten Leistungen sind Zuwendungen im Sinne von § 4d EStG durch das Trägerunternehmen mit steuerlicher Wirkung nicht möglich. Zu den lebenslänglich laufenden Leistungen gehören alle laufenden (wiederkehrenden) Leistungen, soweit sie nicht von vornherein nur für eine bestimmte Anzahl von Jahren oder bis zu einem bestimmten Lebensalter des Leistungsberechtigten vorgesehen sind. Vorbehalte, nach denen Leistungen an den überlebenden Ehegatten bei einer Wiederverheiratung oder Invaliditätsrenten bei einer Wiederaufnahme einer Arbeitstätigkeit wegfallen, berühren die Eigenschaft der Renten als lebenslänglich laufende Leistung nicht. Dasselbe gilt, wenn eine Invaliditätsrente bei Erreichen einer bestimmten Altersgrenze von einer Altersrente der Unterstützungskasse abgelöst wird. Keine lebenslänglich laufenden Leistungen sind z.B. Überbrückungszahlungen für eine bestimmte Zeit, Waisenrenten, abgekürzte Invaliditätsrenten und zeitlich von vornherein begrenzte Leistungen an den überlebenden Ehegatten.

#### Zuwendungen zum Deckungskapital

(3) Das Deckungskapital für die bereits laufenden Leistungen (§ 4d Abs. 1 Satz 1 Nr. 1 Satz 1 Buchstabe a EStG) kann der Kasse sofort bei Beginn der Leistungen oder, so-

lange der Leistungsempfänger lebt, in einem späteren Wirtschaftsjahr in einem Betrag oder verteilt auf mehrere Wirtschaftsjahre zugewendet werden. Mithin kann

1. das Deckungskapital für eine Rente an einen früheren Arbeitnehmer in dem Zeitraum, in dem der frühere Arbeitnehmer Leistungsempfänger ist, und
2. das Deckungskapital für eine Rente an den überlebenden Ehegatten in dem Zeitraum, in dem dieser Leistungsempfänger ist, und
3. das Deckungskapital im Falle einer Ehescheidung oder der Aufhebung einer eingetragenen Lebenspartneschaft an den Ausgleichsberechtigten nach dem VersAusglG in dem Zeitraum, in dem dieser Leistungsempfänger ist

zugewendet werden. Das Deckungskapital für die Rente an den überlebenden Ehegatten kann selbst dann ungeschmälert zugewendet werden, wenn das Deckungskapital für die Rente an den früheren Arbeitnehmer bereits voll zugewendet war. Auf die Anrechnung des im Deckungskapital für die Rente an den früheren Arbeitnehmer enthaltenen Anteils für die Anwartschaft auf Rente an den überlebenden Ehegatten wird aus Praktikabilitätsgründen verzichtet. Das für die Zuwendungen maßgebende Deckungskapital ist jeweils nach dem erreichten Alter des Leistungsempfängers zu Beginn der Leistungen oder zum Zeitpunkt der Leistungserhöhung und nach der Höhe der Jahresbeträge dieser Leistungen zu berechnen; das Alter des Leistungsberechtigten ist nach dem bürgerlichen Recht (§ 187 Abs. 2 Satz 2, § 188 Abs. 2 BGB) zu bestimmen. Bei den am 1. 1. 1975 bereits laufenden Leistungen ist für die Bemessung weiterer Zuwendungen auf das Deckungskapital von der als Anlage 1 dem Einkommensteuergesetz beigefügten Tabelle und von dem Lebensalter auszugehen, das der Berechtigte am 1. 1. 1975 erreicht hat; auf das so ermittelte Deckungskapital sind die früheren Zuwendungen zum Deckungskapital anzurechnen. Lässt sich in den Fällen, in denen ein Trägerunternehmen die nach dem Zuwendungsgesetz (ZuwG) vom 26. 3. 1952 (BGBl. I S. 206) höchstzulässigen Jahreszuwendungen nicht ausgeschöpft und die Zuwendungen nicht nach den im ZuwG aufgeführten Kategorien gegliedert hat, nicht mehr feststellen, welcher Teil dieser Zuwendungen auf das Deckungskapital vorgenommen wurde, kann das Trägerunternehmen die Gliederung der früheren Zuwendungen nach eigener Entscheidung vornehmen.

### Zuwendungen zum Reservepolster

(4) Für die Ermittlung der Höhe der zulässigen Zuwendungen zum Reservepolster nach § 4d Abs. 1 Satz 1 Nr. 1 Satz 1 Buchstabe b EStG besteht ein Wahlrecht. Das Trägerunternehmen kann entweder von den jährlichen Versorgungsleistungen ausgehen, welche die jeweils begünstigten Leistungsanwärter im letzten Zeitpunkt der Anwartschaft, spätestens im Zeitpunkt des Erreichens der Regelaltersgrenze der gesetzlichen Rentenversicherung (§§ 35 und 235 SGB VI), nach dem Leistungsplan der Kasse erhalten können (Grundsatzregelung). Statt dessen kann auch vom Durchschnittsbetrag der von der Kasse im Wirtschaftsjahr tatsächlich gewährten lebenslänglich laufenden Leistungen ausgegangen werden (Sonderregelung). Das Trägerunternehmen hat in dem Wirtschaftsjahr, ab dem dieses Wahlrecht besteht bzw. in dem erstmals Leistungen über eine Unterstützungskasse zugesagt werden, zu entscheiden, ob die

Ermittlung der Höhe der Zuwendungen zum Reservepolster nach der Grundsatzregelung oder der Sonderregelung erfolgen soll. An die getroffene Wahl ist es grundsätzlich fünf Wirtschaftsjahre lang gebunden. Die für das Wirtschaftsjahr zulässigen Zuwendungen zum Reservepolster ergeben sich, wenn auf den jeweils ermittelten Betrag die nach § 4d Abs. 1 Satz 1 Nr. 1 Satz 1 Buchstabe b Satz 1 EStG maßgebenden Prozentsätze angewandt werden; im Fall der Sonderregelung ist das Ergebnis mit der Anzahl der berücksichtigungsfähigen Leistungsanwärter zu vervielfältigen. Wird die Zuwendungshöhe nach der Grundsatzregelung berechnet, sind die dem einzelnen Leistungsanwärter jeweils schriftlich zugesagten erreichbaren Leistungen nach den Verhältnissen am Ende des Wirtschaftsjahres der Kasse maßgebend. Änderungen, die erst nach dem Bilanzstichtag wirksam werden, sind nur zu berücksichtigen, wenn sie am Bilanzstichtag bereits feststehen. Die Leistungen sind jeweils bezogen auf die einzelnen zulässigen Zuwendungssätze getrennt zu erfassen, wobei im Falle des § 4d Abs. 1 Satz 1 Nr. 1 Satz 1 Buchstabe b Satz 1 Doppelbuchstabe aa EStG jeweils gesondert die Leistungen der Invaliditätsversorgung bzw. Hinterbliebenenversorgung und im Falle des Doppelbuchstabens bb die Leistungen der Altersversorgung zu berücksichtigen sind. Wird die Zuwendungshöhe nach der Sonderregelung berechnet, ist vom Durchschnittsbetrag der von der Kasse in ihrem Wirtschaftsjahr tatsächlich gewährten lebenslänglich laufenden Leistungen auszugehen. Zur Vereinfachung kann statt einer genaueren Berechnung als Durchschnittsbetrag der Betrag angenommen werden, der sich ergibt, wenn die Summe der im Wirtschaftsjahr der Kasse tatsächlich gezahlten lebenslänglich laufenden Leistungen durch die Zahl der am Ende ihres Wirtschaftsjahres vorhandenen berücksichtigungsfähigen Leistungsempfänger geteilt wird. Auf diesen Durchschnittsbetrag sind die Zuwendungssätze von jeweils 25 %, 12 % oder 6 % anzuwenden.

**Leistungsanwärter**

(5) Der Kreis der Leistungsanwärter umfasst grundsätzlich alle Arbeitnehmer und ehemaligen Arbeitnehmer des Trägerunternehmens, die von der Unterstützungskasse schriftlich zugesagte Leistungen erhalten können, soweit sie nicht bereits Empfänger lebenslänglich laufender Leistungen sind. Bei Zusagen von Hinterbliebenenversorgung ohne Altersversorgung gilt die Person als Leistungsanwärter, bei deren Ableben die Hinterbliebenenversorgung einsetzt; hierbei ist nicht zu prüfen, ob Angehörige vorhanden sind, die Anspruch auf eine Versorgung haben. Angehörige des Unternehmers oder von Mitunternehmern des Trägerunternehmens dürfen nur als Leistungsanwärter berücksichtigt werden, soweit ein steuerlich anzuerkennendes Arbeitsverhältnis (> R 4.8) vorliegt. Personen, die mit einer unverfallbaren Anwartschaft aus dem Trägerunternehmen ausgeschieden sind, gehören unter den vorstehenden Voraussetzungen zu den Leistungsanwärtern, solange die Kasse mit einer späteren Inanspruchnahme zu rechnen hat; sofern der Kasse nicht bereits vorher bekannt ist, dass Leistungen nicht zu gewähren sind, braucht bei diesen Personen die Frage, ob die Kasse mit einer Inanspruchnahme zu rechnen hat, erst nach Erreichen der Altersgrenze geprüft zu werden. Personen, bei denen bis zum Ablauf des auf das Erreichen der Altersgrenze folgenden Wirtschaftsjahres nicht feststeht, dass die Kasse mit einer

Inanspruchnahme zu rechnen hat, gehören vom Ende dieses Wirtschaftsjahres an nicht mehr zu den Leistungsanwärtern.

**Rückgedeckte Unterstützungskasse**

**Allgemeines**

(6) Soweit die Unterstützungskasse die einem Leistungsempfänger oder einem Leistungsanwärter zugesagten Leistungen ganz oder teilweise durch den Abschluss einer Versicherung abgesichert hat, liegt eine rückgedeckte Unterstützungskasse vor. Ist der Betriebsausgabenabzug nach § 4d Abs. 1 Satz 1 Nr. 1 Satz 1 Buchstabe c EStG ausgeschlossen, so können die Zuwendungen im Rahmen des § 4d Abs. 1 Satz 1 Nr. 1 Satz 1 Buchstabe a und b EStG abgezogen werden. Die Voraussetzungen für den Betriebsausgabenabzug nach § 4d Abs. 1 Satz 1 Nr. 1 Satz 1 Buchstabe c EStG sind auch dann erfüllt, wenn die Unterstützungskasse ihre Ansprüche aus von ihr abgeschlossenen Rückdeckungsversicherungsverträgen an die begünstigten Arbeitnehmer verpfändet, denen sie Leistungen in Aussicht gestellt hat.

**Zuwendungen für Leistungsempfänger**

(7) Werden die zugesagten Leistungen erst nach Eintritt des Versorgungsfalls rückgedeckt, so können hierfür Einmalprämien mit steuerlicher Wirkung zugewendet werden. § 4d Abs. 1 Satz 1 Nr. 1 Satz 1 Buchstabe c Satz 2 bis 4 EStG ist nicht anzuwenden.

**Zuwendungen für Leistungsanwärter**

(8) Das Trägerunternehmen kann den für den einzelnen Leistungsanwärter an die Kasse zugewendeten Betrag der Versicherungsprämie nur als Betriebsausgaben geltend machen, wenn die Unterstützungskasse laufende Prämien zu entrichten hat. Dies ist bei Zusagen einer Altersversorgung der Fall, wenn es sich um eine Versicherung handelt, bei der in jedem Jahr zwischen Vertragsabschluss und Zeitpunkt, für den erstmals Leistungen der Altersversorgung vorgesehen sind, Prämien zu zahlen sind. Der Zeitpunkt, für den erstmals Leistungen der Altersversorgung vorgesehen sind, darf nicht vor Vollendung des 55. Lebensjahres des begünstigten Leistungsanwärters liegen. Werden Leistungen der Invaliditäts- oder Hinterbliebenenversorgung rückversichert, muss die abgeschlossene Versicherung eine Mindestlaufzeit bis zu dem Zeitpunkt haben, an dem der Leistungsanwärter sein 55. Lebensjahr vollendet. Eine Versicherung mit kürzerer Laufzeit ist nur begünstigt, wenn feststeht, dass im Anschluss an die Laufzeit des Versicherungsvertrags eine Zusage auf Altersversorgung besteht; ist diese rückgedeckt, müssen die Voraussetzungen der Sätze 2 und 3 erfüllt sein. Der Abzug der Zuwendungen als Betriebsausgabe ist in dem Wirtschaftsjahr ausgeschlossen, in dem die Kasse zu irgendeinem Zeitpunkt die Ansprüche aus der Versicherung zur Sicherung eines Darlehens verwendet. Soweit einem Leistungsanwärter vor Vollendung des 28. Lebensjahres (bei erstmaliger Zusage vor dem 1. 1. 2001 des 30. Lebensjahres, bei erstmaliger Zusage nach dem 31. 12. 2008: des 27. Lebensjahres) Zusagen mit vertraglicher Unverfallbarkeit gewährt werden, können hierfür laufende Prämien als Zuwendungen nur berücksichtigt werden, wenn die Bestimmungen

der vertraglichen Unverfallbarkeit mindestens den Berechnungsvorschriften des § 2 BetrAVG entsprechen.

### Kürzung der als Betriebsausgabe abzugsfähigen Prämien

(9) Laufende Prämien sind bezogen auf die notwendige und vereinbarte Versicherungssumme nur begünstigt, wenn sie der Höhe nach entweder gleich bleiben oder steigen. Eine gleichbleibende Prämie liegt in diesen Fällen auch vor, wenn die von der Unterstützungskasse jährlich zu zahlende Prämie mit Gewinngutschriften aus dem Versicherungsvertrag verrechnet wird. In diesen Fällen kann der Kasse nur der verbleibende Restbetrag steuerbegünstigt zugewendet werden. Entsprechendes gilt, wenn die Gewinngutschriften durch die Kasse nicht mit fälligen Prämien verrechnet und auch nicht zur Erhöhung der Rückdeckungsquote hinsichtlich der bestehenden Zusage verwendet werden.

Beruht die Verminderung der Beiträge auf einer Änderung der Versorgungszusage und sind die Prämien nach der Vertragsänderung mindestens in konstanter Höhe bis zum Eintritt des Versorgungsfalles zu zahlen, sind die Zuwendungen weiterhin als Betriebsausgaben abzugsfähig; Entsprechendes gilt bei der Änderung von Entgeltumwandlungsvereinbarungen. Eine Änderung der Versorgungszusage liegt auch dann vor, wenn der Arbeitgeber auf Verlangen des Arbeitnehmers eine Entgeltumwandlung im Wege einer vertraglichen Vereinbarung reduziert. Dies gilt unabhängig davon, aus welchem Grund die Gehaltsumwandlung vermindert wird. Sinkende Beiträge an eine rückgedeckte Unterstützungskasse führen auch dann (ausnahmsweise) nicht zu einer Versagung des Betriebsausgabenabzuges, wenn sich die Beitragsminderung aus gesetzlich vorgegebenen Faktoren ergibt (z. B. aus der Erhöhung der Beitragsbemessungsgrenzen in der gesetzlichen Rentenversicherung) und die Prämienzahlungen nach der Minderung mindestens in konstanter Höhe bis zum Eintritt des Versorgungsfalles zu leisten sind.

### Nachweispflicht

(10) Das Trägerunternehmen hat die Voraussetzungen des § 4d Abs. 1 Satz 1 Nr. 1 Satz 1 Buchstabe c EStG im Jahr der Zuwendung nachzuweisen.

### (11) Zuwendungen für nicht lebenslänglich laufende Leistungen

– unbesetzt –

### Lohn- und Gehaltssumme

(12) Zur Lohn- und Gehaltssumme im Sinne des § 4d Abs. 1 Satz 1 Nr. 2 EStG gehören alle Arbeitslöhne im Sinne des § 19 Abs. 1 Satz 1 Nr. 1 EStG, soweit sie nicht von der Einkommensteuer befreit sind. Zuschläge für Mehrarbeit und für Sonntags-, Feiertags- und Nachtarbeit gehören zur Lohn- und Gehaltssumme, auch soweit sie steuerbefreit sind. Wegen der Vergütungen an Personen, die nicht Arbeitnehmer sind, >Absatz 15.

**Kassenvermögen der Unterstützungskasse**

(13) Zuwendungen an eine Unterstützungskasse sind beim Trägerunternehmen nur abziehbar, soweit am Schluss des Wirtschaftsjahres der Kasse das tatsächliche Kassenvermögen nicht höher ist als das zulässige Kassenvermögen (§ 4d Abs. 1 Satz 1 Nr. 1 Satz 2 bis 7 und Nr. 2 Satz 2 bis 6 EStG). Dabei ist die Unterstützungskasse bei der Ermittlung ihres zulässigen Kassenvermögens nicht an die Bewertungsmethode gebunden, die das Trägerunternehmen bei der Ermittlung des Dotierungsrahmens zum Reservepolster (>Absatz 4) angewandt hat. Weicht das Wirtschaftsjahr der Kasse von dem des Trägerunternehmens ab, ist für die Frage, ob das tatsächliche Kassenvermögen das zulässige Kassenvermögen übersteigt, das Wirtschaftsjahr der Kasse maßgebend, das vor dem Ende des Wirtschaftsjahres des Trägerunternehmens endet. Bei Kassen, die sowohl lebenslänglich laufende als auch nicht lebenslänglich laufende Leistungen gewähren, ist sowohl das tatsächliche als auch das zulässige Kassenvermögen für beide Gruppen von Leistungen gemeinsam festzustellen.

**Sonderfälle**

(14) Bei Konzern- und Gruppenkassen ist die Bemessungsgrundlage für die Zuwendungen zum Reservepolster für jedes Trägerunternehmen gesondert nach den bei diesen Unternehmen vorliegenden Tatbeständen zu errechnen. Die auf das einzelne Trägerunternehmen entfallenden Teile des tatsächlichen und zulässigen Kassenvermögens sind ebenfalls jeweils getrennt festzustellen.

(15) Bei der Berechnung der Zuwendungen können neben den Arbeitnehmern auch Personen berücksichtigt werden, die nicht Arbeitnehmer sind, z.B. Handelsvertreter, wenn ihnen nach der Satzung der Unterstützungskasse Leistungen aus Anlass ihrer Tätigkeit für ein Trägerunternehmen zugesagt worden sind (§ 17 Abs. 1 Satz 2 Betriebsrentengesetz). Die Provisionszahlungen oder sonstigen Entgelte an diese Personen sind zur Lohn- und Gehaltssumme im Sinne des § 4d Abs. 1 Satz 1 Nr. 2 EStG zu rechnen.

## Anhang 7: Auszug aus dem Körperschaftsteuergesetz (KStG)

Stand vom 15. 8. 2017

### KStG § 5 Befreiungen

(1) Von der Körperschaftsteuer sind befreit

...

3. rechtsfähige Pensions-, Sterbe- und Krankenkassen, die den Personen, denen die Leistungen der Kasse zugutekommen oder zugute kommen sollen (Leistungsempfängern), einen Rechtsanspruch gewähren, und rechtsfähige Unterstützungskassen, die den Leistungsempfängern keinen Rechtsanspruch gewähren,

a) wenn sich die Kasse beschränkt

aa) auf Zugehörige oder frühere Zugehörige einzelner oder mehrerer wirtschaftlicher Geschäftsbetriebe oder

bb) auf Zugehörige oder frühere Zugehörige der Spitzenverbände der freien Wohlfahrtspflege (Arbeiterwohlfahrt-Bundesverband e.V., Deutscher Caritasverband e.V., Deutscher Paritätischer Wohlfahrtsverband e.V., Deutsches Rotes Kreuz, Diakonisches Werk - Innere Mission und Hilfswerk der Evangelischen Kirche in Deutschland sowie Zentralwohlfahrtsstelle der Juden in Deutschland e.V.) einschließlich ihrer Untergliederungen, Einrichtungen und Anstalten und sonstiger gemeinnütziger Wohlfahrtsverbände oder

cc) auf Arbeitnehmer sonstiger Körperschaften, Personenvereinigungen und Vermögensmassen im Sinne der §§ 1 und 2; den Arbeitnehmern stehen Personen, die sich in einem arbeitnehmerähnlichen Verhältnis befinden, gleich;

zu den Zugehörigen oder Arbeitnehmern rechnen jeweils auch deren Angehörige;

b) wenn sichergestellt ist, dass der Betrieb der Kasse nach dem Geschäftsplan und nach Art und Höhe der Leistungen eine soziale Einrichtung darstellt.[2] Diese Voraussetzung ist bei Unterstützungskassen, die Leistungen von Fall zu Fall gewähren, nur gegeben, wenn sich diese Leistungen mit Ausnahme des Sterbegeldes auf Fälle der Not oder Arbeitslosigkeit beschränken;

c) wenn vorbehaltlich des § 6 die ausschließliche und unmittelbare Verwendung des Vermögens und der Einkünfte der Kasse nach der Satzung und der tatsächlichen Geschäftsführung für die Zwecke der Kasse dauernd gesichert ist;

...

e) wenn bei Unterstützungskassen am Schluss des Wirtschaftsjahres das Vermögen ohne Berücksichtigung künftiger Versorgungsleistungen nicht höher ist als das um 25 Prozent erhöhte zulässige Kassenvermögen. Für die Ermittlung des tatsächlichen und zulässigen Kassenvermögens gilt § 4d des Einkommensteuergesetzes. Übersteigt das Vermögen der Kasse den in Satz 1 bezeichneten Betrag, so ist die Kasse nach Maßgabe des § 6 Abs. 5 steuerpflichtig.

**§ 6 Einschränkung der Befreiung von Pensions-, Sterbe-, Kranken- und Unterstützungskassen**

...

(5) Übersteigt am Schluss des Wirtschaftsjahrs das Vermögen einer Unterstützungskasse im Sinne des § 5 Abs. 1 Nr. 3 den in Buchstabe e dieser Vorschrift bezeichneten Betrag, so ist die Kasse steuerpflichtig, soweit ihr Einkommen anteilig auf das übersteigende Vermögen entfällt. Bei der Ermittlung des Einkommens sind Vermögensübertragungen an das Trägerunternehmen nicht abziehbar.

(6) Auf den Teil des Vermögens einer Pensions-, Sterbe-, Kranken- oder Unterstützungskasse, der am Schluss des Wirtschaftsjahrs den in § 5 Abs. 1 Nr. 3 Buchstabe d oder e bezeichneten Betrag übersteigt, ist Buchstabe c dieser Vorschrift nicht anzuwenden. Bei Unterstützungskassen gilt dies auch, soweit das Vermögen vor dem Schluss des Wirtschaftsjahrs den in § 5 Abs. 1 Nr. 3 Buchstabe e bezeichneten Betrag übersteigt.

## Anhang 8: Auszug aus der Körperschaftsteuer-Durchführungsverordnung (KStDV 1994)

Stand vom 15. 8. 2017

### Zu § 5 Abs. 1 Nr. 3 des Gesetzes - KStDV § 1 Allgemeines

Rechtsfähige Pensions-, Sterbe-, Kranken- und Unterstützungskassen sind nur dann eine soziale Einrichtung im Sinne des § 5 Abs. 1 Nr. 3 Buchstabe b des Gesetzes, wenn sie die folgenden Voraussetzungen erfüllen:

1. Die Leistungsempfänger dürfen sich in der Mehrzahl nicht aus dem Unternehmer oder dessen Angehörigen und bei Gesellschaften in der Mehrzahl nicht aus den Gesellschaftern oder deren Angehörigen zusammensetzen.

2. Bei Auflösung der Kasse darf ihr Vermögen vorbehaltlich der Regelung in § 6 des Gesetzes satzungsmäßig nur den Leistungsempfängern oder deren Angehörigen zugutekommen oder für ausschließlich gemeinnützige oder mildtätige Zwecke verwendet werden.

3. Außerdem müssen bei Kassen mit Rechtsanspruch der Leistungsempfänger die Voraussetzungen des § 2, bei Kassen ohne Rechtsanspruch der Leistungsempfänger die Voraussetzungen des § 3 erfüllt sein.

### KStDV § 2 Kassen mit Rechtsanspruch der Leistungsempfänger

(1) Bei rechtsfähigen Pensions- oder Sterbekassen, die den Leistungsempfängern einen Rechtsanspruch gewähren, dürfen die jeweils erreichten Rechtsansprüche der Leistungsempfänger vorbehaltlich des Absatzes 2 die folgenden Beträge nicht übersteigen:

| | |
|---|---|
| als Pension | 25.769 Euro jährlich, |
| als Witwengeld | 17.179 Euro jährlich, |
| als Waisengeld | 5.154 Euro jährlich für jede Halbwaise, |
| | 10.308 Euro jährlich für jede Vollwaise, |
| als Sterbegeld | 7.669 Euro als Gesamtleistung |

(2) Die jeweils erreichten Rechtsansprüche, mit Ausnahme des Anspruchs auf Sterbegeld, dürfen in nicht mehr als 12 vom Hundert aller Fälle auf höhere als die in Absatz 1 bezeichneten Beträge gerichtet sein. Dies gilt in nicht mehr als 4 vom Hundert aller Fälle uneingeschränkt. Im Übrigen dürfen die jeweils erreichten Rechtsansprüche die folgenden Beträge nicht übersteigen:

| | |
|---|---|
| als Pension | 38.654 Euro jährlich, |
| als Witwengeld | 25.769 Euro jährlich, |
| als Waisengeld | 7.731 Euro jährlich für jede Halbwaise, |
| | 15.461 Euro jährlich für jede Vollwaise |

**KStDV § 3 Kassen ohne Rechtsanspruch der Leistungsempfänger**

Rechtsfähige Unterstützungskassen, die den Leistungsempfängern keinen Rechtsanspruch gewähren, müssen die folgenden Voraussetzungen erfüllen:

1. Die Leistungsempfänger dürfen zu laufenden Beiträgen oder zu sonstigen Zuschüssen nicht verpflichtet sein.

2. Den Leistungsempfängern oder den Arbeitnehmervertretungen des Betriebs oder der Dienststelle muss satzungsgemäß und tatsächlich das Recht zustehen, an der Verwaltung sämtlicher Beträge, die der Kasse zufließen, beratend mitzuwirken.

3. Die laufenden Leistungen und das Sterbegeld dürfen die in § 2 bezeichneten Beträge nichtübersteigen.

## Anhang 9: Auszug aus den Körperschaftsteuer-Richtlinien (KStR)

Stand vom 15. 8. 2017

### Zu § 5 KStG

### R 5.2 Allgemeines zu Pensions-, Sterbe-, Kranken- und Unterstützungskassen

(1) Als Pensionskassen sind sowohl die in § 1b Abs. 3 Satz 1 BetrAVG als solche bezeichneten rechtsfähigen Versorgungseinrichtungen als auch rechtlich unselbständige Zusatzversorgungseinrichtungen des öffentlichen Dienstes im Sinne des § 18 BetrAVG anzusehen, die den Leistungsberechtigten (Arbeitnehmer und Personen im Sinne des § 17 Abs. 1 Satz 2 BetrAVG sowie deren Hinterbliebene) auf ihre Leistungen einen Rechtsanspruch gewähren. Bei Sterbekassen handelt es sich um Einrichtungen, welche die Versicherung auf den Todesfall unter Gewährung eines Rechtsanspruchs auf die Leistung betreiben. Krankenkassen fallen unter die Vorschrift, wenn sie das Versicherungsgeschäft betriebsbezogen wahrnehmen. Eine Unterstützungskasse ist eine rechtsfähige Versorgungseinrichtung, die auf ihre Leistungen keinen Rechtsanspruch gewährt (§ 1b Abs. 4 BetrAVG).

(2) Für die Steuerbefreiung genügt es, wenn die Voraussetzungen des § 5 Abs. 1 Nr. 3 Buchstabe d KStG am Ende des VZ erfüllt sind.

(3) Die Art der Anlage oder Nutzung des Kassenvermögens darf nicht dazu führen, dass die Kasse sich durch die mit der Vermögensverwaltung verbundene Tätigkeit selbst einen weiteren satzungsgemäß nicht bestimmten Zweck gibt. Kassen, die als Bauherr auftreten, werden körperschaftsteuerpflichtig, wenn sie sich durch diese Tätigkeit einen neuen Zweck setzen.

### R 5.3 Leistungsempfänger bei Pensions-, Sterbe-, Kranken- und Unterstützungskassen

(1) Steuerbefreite Kassen müssen sich auf Zugehörige oder frühere Zugehörige einzelner oder mehrerer wirtschaftlicher Geschäftsbetriebe oder der Spitzenverbände der freien Wohlfahrtspflege einschließlich deren Untergliederungen, Einrichtungen und Anstalten und sonstiger gemeinnütziger Wohlfahrtsverbände oder auf Arbeitnehmer sonstiger Körperschaften, Personenvereinigungen oder Vermögensmassen beschränken. Unter dem Begriff der Zugehörigen sind einerseits Arbeitnehmer und die in einem arbeitnehmerähnlichen Verhältnis stehenden Personen zu verstehen, andererseits aber auch solche Personen, für die der Betrieb durch ihre soziale Abhängigkeit oder eine sonstige enge Bindung als Mittelpunkt der Berufstätigkeit anzusehen ist (z.B. Unternehmer und Gesellschafter). Frühere Zugehörige müssen die Zugehörigkeit zu der Kasse durch ihre Tätigkeit in den betreffenden Betrieben oder Verbänden erworben haben. Es ist nicht notwendig, dass die Kasse schon während der Zeit der Tätigkeit des Betriebsangehörigen bestanden hat. Als arbeitnehmerähnliches Verhältnis ist in der Regel ein Verhältnis von einer gewissen Dauer bei gleichzeitiger sozialer Abhängigkeit, ohne dass Lohnsteuerpflicht besteht, anzusehen. Ar-

beitnehmer, die über den Zeitpunkt der Pensionierung hinaus im Betrieb beschäftigt werden, sind Zugehörige i.S.d. Gesetzes.

(2) Nach § 1 Nr. 1 KStDV darf die Mehrzahl der Personen, denen die Leistungen der Kasse zugute-kommen sollen (Leistungsempfänger), sich nicht aus dem Unternehmer oder dessen Angehörigen und bei Gesellschaften nicht aus den Gesellschaftern oder deren Angehörigen zusammensetzen.

(3) Der Pensions- oder Unterstützungskasse eines inländischen Unternehmens geht die Steuerfreiheit nicht dadurch verloren, dass zu ihren Leistungsempfängern Arbeitnehmer gehören, die das inländische Unternehmen zur Beschäftigung bei seinen ausländischen Tochtergesellschaften oder Betriebsstätten abgeordnet hat. Auch die Mitgliedschaft anderer, auch ausländischer, Arbeitnehmer der ausländischen Tochtergesellschaften oder Betriebsstätten des inländischen Unternehmens ist für die Kasse steuerunschädlich, wenn für diese Arbeitnehmer von der ausländischen Tochtergesellschaft oder Betriebsstätte entsprechende Beiträge (Zuwendungen) an die Kasse des inländischen Unternehmens abgeführt werden.

(4) Bei Unterstützungskassen muss den Leistungsempfängern oder den Arbeitnehmervertretungen des Betriebs oder der Dienststelle satzungsgemäß und tatsächlich das Recht zustehen, an der Verwaltung sämtlicher Beträge, die der Kasse zufließen, beratend mitzuwirken.

### R 5.4 Vermögensbindung bei Pensions-, Sterbe-, Kranken- und Unterstützungskassen

(1) Bei Kassen, deren Vermögen bei ihrer Auflösung vorbehaltlich der Regelung in § 6 KStG satzungsgemäß für ausschließlich gemeinnützige oder mildtätige Zwecke zu verwenden ist, gilt § 61 Abs. 1 AO sinngemäß. Bei einer Unterstützungskasse in der Rechtsform einer privatrechtlichen Stiftung ist es nicht zu beanstanden, wenn die Stiftung in ihre Verfassung die Bestimmung aufnimmt, dass das Stiftungskapital ungeschmälert zu erhalten ist, um dadurch zu verhindern, dass sie neben ihren Erträgen und den Zuwendungen vom Trägerunternehmen auch ihr Vermögen uneingeschränkt zur Erbringung ihrer laufenden Leistungen einsetzen muss. In einer solchen Bestimmung ist kein Verstoß gegen das Erfordernis der dauernden Vermögenssicherung für Zwecke der Kasse zu erblicken. Durch die satzungsgemäß abgesicherte Vermögensbindung ist nämlich gewährleistet, dass das Stiftungsvermögen im Falle der Auflösung der Stiftung nicht an den Stifter zurückfließt, sondern nur den Leistungsempfängern oder deren Angehörigen zugutekommt oder für ausschließlich gemeinnützige oder mildtätige Zwecke zu verwenden ist.

(2) Bei einer Darlehensgewährung der Unterstützungskasse an das Trägerunternehmen muss gewährleistet sein, dass die wirtschaftliche Leistungsfähigkeit des Betriebs in ausreichendem Maße für die Sicherheit der Mittel bürgt. Ist diese Voraussetzung nicht gegeben, so müssen die Mittel der Kasse in angemessener Frist aus dem Betrieb ausgesondert und in anderer Weise angelegt werden.

(3) Nach § 1b Abs. 4 BetrAVG wird ein aus dem Betrieb vor Eintritt des Versorgungsfalles ausscheidender Arbeitnehmer, der seine betriebliche Altersversorgung

von der Unterstützungskasse des Betriebs erhalten sollte, bei Erfüllung der Voraussetzungen hinsichtlich der Leistungen so gestellt, wie wenn er weiterhin zum Kreis der Begünstigten der Unterstützungskasse des Betriebs gehören würde. Bei Eintritt des Versorgungsfalles hat die Unterstützungskasse dem früheren Arbeitnehmer und seinen Hinterbliebenen mindestens den nach § 2 Abs. 1 BetrAVG berechneten Teil der Versorgung zu gewähren (§ 2 Abs. 4 BetrAVG) oder den gem. § 2 Abs. 5 BetrAVG berechneten Teil der Versorgung bei ab dem 1. 1. 2001 erteilten Versorgungszusagen. Diese Verpflichtung zur Gewährung von Leistungen an den vorzeitig ausgeschiedenen Arbeitnehmer bei Eintritt des Versorgungsfalles (§ 2 Abs. 4 BetrAVG) kann von der Unterstützungskasse wie folgt abgelöst werden:

1. Unter den Voraussetzungen des § 3 Abs. 3 bis 5 BetrAVG können nach § 2 BetrAVG unverfallbare Anwartschaften abgefunden werden. Soweit unverfallbare Anwartschaften über den gesetzlichen Umfang hinaus vertraglich zugesichert wurden, ist eine Abfindung zulässig.

2. Unter den Voraussetzungen des § 4 Abs. 2, 4 und 5 BetrAVG kann die Verpflichtung mit Zustimmung des ausgeschiedenen Arbeitnehmers von jedem Unternehmen, bei dem der ausgeschiedene Arbeitnehmer beschäftigt wird, von einem Pensionsfonds, von einer Pensionskasse, von einem Unternehmen der Lebensversicherung oder einem öffentlich-rechtlichen Versorgungsträger übernommen werden.

Vermögensübertragungen im Zusammenhang mit diesen Maßnahmen verstoßen nicht gegen die Voraussetzungen des § 5 Abs. 1 Nr. 3 Buchstabe c KStG.

(4) Der Grundsatz der ausschließlichen und unmittelbaren Verwendung des Vermögens und der Einkünfte der Unterstützungskasse für die Zwecke der Kasse gilt nach § 6 Abs. 6 KStG nicht für den Teil des Vermögens, der am Schluss des Wirtschaftsjahrs den in § 5 Abs. 1 Nr. 3 Buchstabe e KStG bezeichneten Betrag übersteigt. Auch für den Fall, dass ein Unternehmen den Arbeitnehmern, die bisher von der Unterstützungskasse versorgt werden sollten, eine Pensionszusage erteilt oder bisher von der Unterstützungskasse gewährte Leistungen von Fall zu Fall aufgrund einer entsprechenden Betriebsvereinbarung übernimmt, oder wenn eine Unterstützungskasse durch Änderung des Leistungsplans die Versorgungsleistungen einschränkt, gelten die Grundsätze des Satzes 1 nur für den überdotierten Teil des gesamten Kassenvermögens der Unterstützungskasse. Insoweit ist eine Übertragung von Vermögen einer Unterstützungskasse auf das Trägerunternehmen zulässig. Werden Versorgungsleistungen einer Unterstützungskasse durch Satzungsbeschluss in vollem Umfang ersatzlos aufgehoben, d.h., es liegt kein Fall des Satzes 2 vor, entfällt die Steuerfreiheit der Kasse auch mit Wirkung für die Vergangenheit, soweit Steuerbescheide nach den Vorschriften der AO noch änderbar sind.

### R 5.5 Leistungsbegrenzung

(1) Bei der Prüfung, ob die erreichten Rechtsansprüche der Leistungsempfänger in nicht mehr als 12 % aller Fälle auf höhere als die in § 2 Abs. 1 KStDV bezeichneten Beträge gerichtet sind (§ 2 Abs. 2 KStDV), ist von den auf Grund der Satzung, des Geschäftsplans oder des Leistungsplans insgesamt bestehenden Rechtsansprüchen,

also von den laufenden tatsächlich gewährten Leistungen und den Anwartschaften auszugehen. Dabei ist jede in § 2 KStDV genannte einzelne Leistungsgruppe (Pensionen, Witwengelder, Waisengelder und Sterbegelder) für sich zu betrachten. Nur bei Beschränkung auf die Höchstbeträge kann die Kasse als Sozialeinrichtung anerkannt werden.

(2) Unterstützungskassen sind als Kassen ohne Rechtsanspruch der Leistungsempfänger zur Aufstellung eines Geschäftsplans im Sinne des VAG nicht verpflichtet. Unterstützungskassen dürfen auch laufende Leistungen, z.B. zur Altersversorgung, gewähren, wenn die Voraussetzungen des § 5 Abs. 1 Nr. 3 Buchstabe b KStG und des § 3 Nr. 3 KStDV erfüllt sind. Dabei dürfen Altersrenten, Witwengeld, Waisengeld und Sterbegeld ohne Rücksicht auf die wirtschaftlichen Verhältnisse des Leistungsempfängers gewährt werden. Die laufenden Leistungen und das Sterbegeld dürfen die in § 2 KStDV bezeichneten Beträge nicht übersteigen. Dagegen hat eine Unterstützungskasse, die jedem Zugehörigen eines Betriebs ohne Rücksicht auf seine wirtschaftlichen Verhältnisse einmalige Zuwendungen macht, keinen Anspruch auf die Steuerbefreiung. Leistungsempfänger im Sinne dieser Vorschrift sind nach § 5 Abs. 1 Nr. 3 KStG die Personen, denen die Leistungen der Kasse zugutekommen oder zugutekommen sollen, also auch die Leistungsanwärter. Daher gilt die Begrenzung der laufenden Leistungen nach § 3 Nr. 3 KStDV für die tatsächlich gezahlten Renten und die sich aus dem Leistungsplan ergebenden tatsächlichen Rentenanwartschaften. 8Die Rentenanwartschaften sind mit den jeweils erreichten Beträgen anzusetzen.

(3) Eine steuerbefreite Pensionskasse oder Unterstützungskasse kann anstelle einer laufenden Rente auch eine Kapitalabfindung zahlen. Voraussetzung ist, dass die zu kapitalisierende Rente sich in den Grenzen der Höchstbeträge der §§ 2 und 3 KStDV hält und der Leistungsempfänger durch die Kapitalisierung nicht mehr erhält, als er insgesamt erhalten würde, wenn die laufende Rente gezahlt würde. Der Berechnung der Kapitalabfindung darf daher nur ein Zinsfuß zugrunde gelegt werden, der auf die Dauer gesehen dem durchschnittlichen Zinsfuß entspricht. Bei der Prüfung, ob sich die kapitalisierte Rente in den Grenzen der vorgenannten Höchstbeträge hält, ist von einem Zinssatz von 5,5 % auszugehen. Im Übrigen ist die Kapitalabfindung nach den sonst steuerlich anerkannten Rechnungsgrundlagen zu berechnen.

## Anhang 10: BMF-Schreiben zu Unterstützungskassen – Auflistung

**BMF-Schreiben vom 21. 12. 2017 – IV C3 – S 2015/17/10001:005**

Steuerliche Förderung der privaten Altersvorsorge und betrieblichen Altersversorgung

**BMF-Schreiben vom 10. 11. 2011 – IV C2 – S 2723/07/10001**

Auswirkung einer internen Teilung beim Versorgungsausgleich auf die Steuerfreiheit einer Unterstützungskasse; Ehegatte des Ausgleichsberechtigten als begünstigter Angehöriger im Sinne des § 5 Abs. 1 Nr. 3 KStG

**BMF-Schreiben vom 12. 11. 2010 – IV C6 – S 2144-c/07/10001**

Auswirkungen des Gesetzes zur Struktur des Versorgungsausgleichs auf Unterstützungskassen nach § 4d EStG und Pensionszusagen nach § 6a EStG

**Verfügung OFD Hannover vom 10. 2. 2006 – S 2723 – 8 – StO 242**

Portabilität bei Unterstützungskassen – Überdotierung durch Einmalprämie

**BMF-Schreiben vom 16. 12. 2005 – IV B 2 – S 2176 – 105/05**

Berücksichtigung von Renten aus der gesetzlichen Rentenversicherung bei der bilanzsteuerrechtlichen Bewertung von Pensionsverpflichtungen und bei der Ermittlung der als Betriebsausgaben abzugsfähigen Zuwendungen an Unterstützungskassen (sog. Näherungsverfahren)

**BMF-Schreiben vom 10. 1. 2003 – IV A – S 2176 – 1/03**

Bewertung von Pensionsrückstellungen nach § 6a EStG und Zuwendungen an Unterstützungskassen nach § 4d EStG

**BMF-Schreiben vom 8. 1. 2003 – IV A 2 – S 2723 – 3/02**

Steuerbefreiung einer Pensions- und Unterstützungskasse nach § 5 Abs. 1 Nr. 3 KStG; Lebensgefährt(innen)en als Leistungsempfänger

**BMF-Schreiben vom 25. 7. 2002 – IV A 6 – S 2176 – 28/02**

Zusage auf Leistungen der betrieblichen Altersversorgung: Hinterbliebenenversorgung für die Lebensgefährtin oder den Lebensgefährten

**BMF-Schreiben vom 31. 1. 2002- IV A 6 – S 2144c – 9/01**

Zuwendungen an Unterstützungskassen nach § 4 d EStG; Beiträge an rückgedeckte Unterstützungskassen nach § 4d Abs. 1 Satz 1 Nr. 1 Satz 1 Buchst. c EStG

**BMF-Schreiben vom 18. 9. 2001 – IV – A 6 – S 2176 – 46/01**

Gesetz zur Reform der gesetzlichen Rentenversicherung und zur Förderung eines kapitalgedeckten Altersvorsorgevermögens (Altersvermögensgesetz – AVmG); zeitliche Anwendung der Änderungen der §§ 4d und 6a EStG

**BMF-Schreiben vom 11. 12. 1998 – IV C 2 – S 2144c – 4/98**

Zuwendungen an rückgedeckte Unterstützungskassen; fondsgebundene Lebensversicherung als Rückdeckungsversicherung

**BMF-Schreiben vom 7. 9. 1998 – IV B 2 – S 2144c – 36/98**

Steuerrechtliche Behandlung der rückgedeckten Unterstützungskasse; Verpfändung der Ansprüche aus den Rückdeckungsversicherungen an die begünstigten Arbeitnehmer

**BMF-Schreiben vom 13. 5. 1998 – IV B 2 – S 2144c – 12/98**

Zuwendungen an rückgedeckte Unterstützungskassen; fondsgebundene Lebensversicherung als Rückdeckungsversicherung

**BMF-Schreiben vom 21. 4. 1998 – IV B 2 – S 2144c – 16/98**

Zusagen von rückgedeckten Unterstützungskassen, die Waisenrenten und temporäre Berufsunfähigkeitsrenten in Aussicht stellen

**BMF-Schreiben vom 18. 12. 1997 – IV C 4 – S 7160h – 6/97**

Umsatzsteuerbefreiung für die Verwaltung von Versorgungseinrichtungen nach § 4 Nr. 8 Buchst. h UStG

**BMF-Schreiben vom 28. 11. 1996 – IV B 2 – S 2144c – 44/96**

Zweifelsfragen im Zusammenhang mit der steuerlichen Behandlung von Zuwendungen an Unterstützungskassen

## Anhang 11: Urteile zu Unterstützungskassen

### BAG, Beschluss vom 19. 7. 2005 – 3 AZR 502/04

Wahl des Versicherungsträgers bei Entgeltumwandlung

Leitsätze:

Ein Arbeitnehmer kann im Rahmen einer Entgeltumwandlung nach § 1a BetrAVG nicht den Versicherungsträger wählen, über den eine Direktversicherung durchgeführt werden soll.

…

### BFH-Urteil vom 25. 3. 2004 – IV R 8/02

Zuwendung an noch nicht rechtsfähige Unterstützungskasse

Leitsätze:

Die zunächst noch fehlende Rechtsfähigkeit der Unterstützungskasse steht dem Betriebsausgabenabzug gemäß § 4d EStG nicht entgegen (Anschluss an BFH-Urteil vom 12. 6. 2002).

Nach § 4d Abs. 1 Satz 1 Nr. 1 Buchst. c Satz 4 EStG 1999 ist der Betriebsausgabenabzug ausgeschlossen, wenn die Ansprüche aus der Versicherung der Sicherung eines Darlehens dienen. Es besteht keine Möglichkeit mehr, durch anderweitige Sicherstellung der Versorgungsansprüche die Schädlichkeit der Darlehensaufnahme bzw. gleichbedeutender Inanspruchnahme von Vorauszahlungen zu verhindern.

### BFH-Urteil vom 12. 6. 2002 – XI R 28/01

Zuwendungen an Unterstützungskassen

Leitsätze:

Die zunächst noch fehlende Rechtsfähigkeit der Unterstützungskasse steht dem Betriebsausgabenabzug gemäß § 4d EStG nicht entgegen.

Dienen die Ansprüche aus der Versicherung der Sicherung eines Darlehens, kann es nicht darauf ankommen, ob ungeachtet der Minderung der garantierten Versicherungssumme um das Darlehen die Ansprüche der Leistungsempfänger bei Eintritt des Versorgungsfalles durch die voraussichtliche Ablaufleistung der Versicherung sichergestellt sind.

### BFH-Urteil vom 28. 2. 2002 – IV R 26/00

Kein Abzug der Beiträge zur Versicherung durch das Trägerunternehmen bei Beleihung der Rückdeckungsversicherung durch die Unterstützungskasse

Leitsätze:

Eine Unterstützungskasse „verschafft“ sich durch Abschluss einer Rückdeckungsversicherung nicht die Mittel für ihre Versorgungsleistungen, wenn sie die ihr zustehenden Rechte aus der Versicherung beleiht oder abtritt. Einer Beleihung steht die Inanspruchnahme von Vorauszahlungen gleich.

**BFH-Urteil vom 29.8.1996 – VIII R 24/95**

Trägerunternehmen: Anspruch auf Rückgewähr überhöhter Zuwendungen von Unterstützungskasse

Leitsatz:

Der Anspruch des Trägerunternehmens gegen die von ihm finanzierte Unterstützungskasse auf Rückgewähr überhöhter Zuwendungen gehört zum Betriebsvermögen des Trägerunternehmens. Die Rückzahlung in früheren Jahren geleisteter Zuwendungen in einem späteren Wirtschaftsjahr führt auch dann zu Betriebseinnahmen bei dem Trägerunternehmen, wenn dieses die Zuwendungen im Zeitpunkt der Zahlung wegen Überschreitens der in § 2 ZuwG (§ 4d EStG) vorgegebenen Höchstgrenzen nicht als Betriebsausgaben abziehen durfte.

**BAG-Urteil vom 3. 2. 1987 – 3 AZR 208/85**

Ausscheiden eines Arbeitgebers aus einer Gruppenunterstützungskasse

Leitsätze:

Eine Gruppenunterstützungskasse, die das satzungsmäßige Ziel verfolgt, Arbeitnehmer ihrer Trägerunternehmen zu versorgen, muss die entsprechenden Renten nur solange zahlen, wie die Arbeitgeber der versorgungsberechtigten Arbeitnehmer zu ihren Trägerunternehmen gehören. Scheidet ein Arbeitgeber aus dem Kreis der Trägerunternehmen aus, so muss er die laufenden Rentenzahlungen anstelle der Gruppenunterstützungskasse selbst übernehmen.

**BAG-Urteil vom 5. 5. 1977 – 3 ABR 34/76**

Betriebsübergang und Unterstützungskasse

Leitsätze:

1. Der Erwerber eines Betriebes erwirbt nicht kraft Gesetzes auch Rechte an einer Unterstützungskasse, mit deren Hilfe der Betriebsveräußerer Versorgungsleistungen erbracht hatte.

2. Er tritt jedoch gem. § 613a BGB in die arbeitsvertraglichen Pflichten ein, die den Betriebsveräußerer selbst bei einer solchen Form der betrieblichen Altersversorgung den übernommenen Arbeitnehmern gegenüber trafen. Soweit die Unterstützungskasse nicht zahlt, muss der neue Arbeitgeber für Versorgungsleistungen einstehen, die die übernommenen Arbeitnehmer aufgrund der Zusage des alten Arbeitgebers erwarten durften.

# Abkürzungsverzeichnis

| | |
|---|---|
| Abs. | Absatz |
| AltEinkG | Alterseinkünftegesetz |
| AO | Abgabenordnung |
| AVmG | Altersvermögensgesetz |
| BaFin | Bundesanstalt für Finanzdienstleistungsaufsicht |
| BAG | Bundesarbeitsgericht |
| BetrAVG | Betriebsrentengesetz |
| BetrVG | Betriebsverfassungsgesetz |
| BFH | Bundesfinanzhof |
| BGB | Bürgerliches Gesetzbuch |
| BGH | Bundesgerichtshof |
| BMF | Bundesministerium der Finanzen |
| Buchst. | Buchstabe |
| EGHGB | Einführungsgesetz zum Handelsgesetzbuch |
| ErbStG | Erbschaftsteuergesetz |
| EStG | Einkommensteuergesetz |
| EStR | Einkommensteuer-Richtlinien |
| e.V. | eingetragener Verein |
| GewStG | Gewerbesteuergesetz |
| ggf. | gegebenenfalls |
| Goß | Grundsätze ordentlicher Buchführung |
| i.d.R. | in der Regel |
| lnsO | Insolvenzordnung |
| i.S.d. | im Sinne des/der |
| i.V.m | in Verbindung mit |
| KStDV | Körperschaftsteuer-Durchführungsverordnung |
| KStG | Körperschaftsteuergesetz |
| KStR | Körperschaftsteuer-Richtlinien |
| OFD | Oberfinanzdirektion |
| PSV | Pensions-Sicherungs-Verein auf Gegenseitigkeit |
| SGB | Sozialgesetzbuch |
| Ukasse | Unterstützungskasse |

| | |
|---|---|
| UStR | Umsatzsteuer-Richtlinien |
| u.U. | unter Umständen |
| VAG | Versicherungsaufsichtsgesetz |

# Literaturhinweise

Aus der Vielzahl der Veröffentlichungen zu Unterstützungskassen seien nur die folgenden genannt:

Stöckler/Karst (vormals Ahrend/Förster/Rößler): Steuerrecht der betrieblichen

Altersversorgung, Verlag Dr. Otto Schmidt, 50. Ergänzungslieferung 2022.

Böhm, Regina/Schu, Jürgen: Unterstützungskassen, Grundlagen und Praxis, C. F. Müller Verlag, 2014.

Buttler, Andreas/Baier, Manfred: Steuerliche Behandlung von Unterstützungskassen, Verlag Versicherungswirtschaft, 6. Auflage 2014.

Höfer, Reinhold Neit, Annekatrin Nerhuven, Thomas: Betriebsrentenrecht, Band II Steuerrecht, Verlag Franz Vahlen, 23. Auflage 2022.

Kirchhof, Paul: Kompaktkommentar zum EStG, C. F. Müller Verlag, 6. Auflage.

Schmidt, Ludwig : Einkommensteuergesetz, Kommentar, Verlag C. H. Beck, 40. Auflage 2021.

# Stichwortverzeichnis

**Die Zahlen hinter den Stichworten verweisen auf die jeweilige Frage bzw. Antwort.**


A
Abfindung 54
Abtretung 51
Aktivierung 50
Altersbestimmung 39
Altersversorgung 1
Angehörige 30
Anpassung 99
Auflösung 76, 77
Aufsicht 9
Auszahlung Leistungen 98

B
Beitragsreduktion 45
Beleihung 51
Betriebsübergang 78
Besteuerung
- Ukasse 58, 63, 64, 65, 70, 74, 80, 81
- Leistungsempfänger 82, 85, 86, 87, 88, 89, 97, 98
- Leistungsanwärter 84, 85, 86
Bilanzausweis 34, 35

E
Einmalbeitrag 41
Entgeltumwandlung 23, 46
Erbschaftsteuer 82, 88

F
Finanzierung 32, 33, 34, 36, 37, 39, 40, 43, 44, 45, 47, 48, 49
Finanzierungsbeginn 36
fondsgebundene Versicherung 44
Fünftelungsregelung 86

G
Gewerbesteuer 80
Gewinnguthaben 47
Gründung 10
Gründungsmitglied 12
Gründungsversammlung 13

H
Höchstgrenzen 61, 62

I
Insolvenzsicherung 93, 94, 95, 96, 97

K
Kassenvermögen 66, 67, 68, 69
Krankenversicherungspflicht 89

L
laufender Einmalbeitrag 41
Lebensgefährte 28, 29
Leistungsanwärter 24, 25, 27
Leistungsarten 20, 21
Leistungsempfänger 26, 28
Leistungsplan 18, 19, 20, 21
Leistungszusage 22

M
Mindesttodesfallschutz 43
Mitbestimmung 8
Mitgliedschaft 16, 17

**P**
Pauschalbesteuerung 87
Portabilität 5

**R**
Rechtsanspruch 7, 31
Rechtsform 6
Rückdeckungsversicherung 38, 39, 41, 42, 43, 44, 45, 47, 48, 72
Rückübertragung 71,72,73

**S**
Satzung 11
Sicherheit der Rückdeckung 53
Soziale Einrichtung 60
Sterbegeld 30,49
Steuerbefreiung Ukasse 59
Steuerpflicht Ukasse
- partiell 63, 70
- Voll 64

**T**
Trägerunternehmen 4

**U**
Übertragung 79
Unterstützungskasse
- Definition 2, 5
- Gründung 10, 12, 13, 14, 15
Unverfallbarkeit 90, 91, 92, 93
Umsatzsteuer 83

**V**
Verjährung 100
Vermögenssteuer 81
Verpfändung 52, 96
Verwaltungsgebühren 57
Volle Steuer 64

**Z**
Zuwendungen 24, 32, 33, 34, 36, 40, 48, 54
Zuwendungshöhe, maximal 40